Cornelie Hildebrandt

DUNKLE GESCHICHTEN AUS

Göttingen

Dank
Einen besonderen Dank haben sich Matthias Ansorge und Alwine Hildebrandt für ihr kritisches und konstruktives Lektorat verdient.

Bildnachweis
S. 6 Abdruck mit freundlicher Genehmigung der Asklepios Psychiatrie Niedersachsen GmbH, S. 9 A. Spengler, Abdruck mit freundlicher Genehmigung von Prof. Andreas Spengler, S. 13 A.G., S. 26 Abdruck mit freundlicher Genehmigung des Measurement Valley e. V., S. 27 Wolfgang Beisert; Abdruck mit freundlicher Genehmigung des Measurement Valley e. V., S. 28 wikipedia/Longbow4u, S. 33 Thomas M. Jauk, Abdruck mit freundlicher Genehmigung der Deutschen Theaters Göttingen, S. 37 wikipedia/Longbow4u, S. 38 wikipedia/Stefan Bellini, S. 44 wikipedia/Bruno Kussler Marquez, S. 50 wikipedia/Longbow4u, S. 56 wikipedia/Tilman 2007, S. 60 Abdruck mit freundlicher Genehmigung des Städtischen Museums Göttingen, S. 61 wikipedia/Jan Sterbenitzky, S. 71 Abdruck mit freundlicher Genehmigung des Städtischen Museums Göttingen, S. 76 wikipedia/Lux 2016, S. 77 wikipedia/Stefan Bellini. Alle übrigen Bilder von Cornelie Hildebrandt.

Literaturnachweise
Anmerkungen zur Geschichte über Julius Klingebiel:
Für weitere Informationen stehen die im Juni 2020 redaktionell überarbeitete und aktualisierte Seite www.julius-klingebiel.de sowie das umfassende Buch „Die Klingebiel-Zelle: Leben und künstlerisches Schaffen eines Psychiatriepatienten", hrsg. von Andreas Spengler, Dirk Hesse und Manfred Koller zur Verfügung.
Die Zitate in der Geschichte um die Göttinger Gruppe (S. 43) stammen aus:
Ingrid Rosine Floerke, Scharfer Blick/Kritikerclub 30.10.2018.
Christopher Schmitz: Schneeballschlacht am Göttinger Gänseliesel, Die Skandalinsolvenz der Göttinger Gruppe 2008, in: Das gekränkte Gänseliesel, hrsg. von Franz Walter und Teresa Nentwig, Göttingen 2016, S. 281.

Viele Informationen aus der Geschichte über das Kokain (S. 55) stammen aus:
Stine Marg und Michael Thiele: Große Entdeckungen und ihre Opfer. Auf der Suche nach dem nährenden Prinzip der Koka-Blätter, in: Entdeckt, erdacht, erfunden. 20 Göttinger Geschichten von Genie und Irrtum, hrsg. von Teresa Nentwig und Katharina Trittel. Göttingen 2019, S. 92–103.

Die Zitate im Text über Christoph Meiners (S. 63) stammen aus:
Christoph Meiners: Über die Natur der afrikanischen Neger und die davon abhängende Befreyung oder Einschränkung der Schwarzen, zitiert nach Peter Aufgebauer: Christoph Meiners. Ein Göttinger Philosph erfindet den Rassismus, in: Entdeckt, erdacht, erfunden. 20 Göttinger Geschichten von Genie und Irrtum, hrsg. von Teresa Nentwig und Katharina Trittel, Göttingen 2019, S. 47.
Peter Aufgebauer: Christoph Meiners. Ein Göttinger Philosoph erfindet den Rassismus, in: Entdeckt, erdacht, erfunden. 20 Göttinger Geschichten von Genie und Irrtum, hrsg. von Teresa Nentwig und Katharina Trittel, Göttingen 2019, S. 52.

Das Zitat in der Geschichte über Gottfried August Bürger (S. 16) stammt aus:
Erich Ebstein, Ein Briefwechsel aus Göttingens empfindsamer Zeit, Gottfried August Bürger und Philippine Gatterer, Leipzig 1921, S. 121; zitiert nach: Kirsten Peters: Der Kindsmord als schöne Kunst betrachtet, Eine motivgeschichtliche Untersuchung der Literatur des 18.Jahrhunderts, Königshausen und Neumann 2001, S. 91.
Der Göttinger Autor Herbert Günther hat die Geschichte der Catharina Erdmann in seinem Buch „Vermutungen über ein argloses Leben", erschienen 1990 im Arena-Verlag, einfühlsam verarbeitet.

1. Auflage 2020

Umschlaggestaltung: r2 | Ravenstein, Verden
Layout: r2 | Ravenstein, Verden
Layout und Satz: Schneider Professionell Design, Schlüchtern-Elm
Druck: Druckerei Zimmermann Druck + Verlag GmbH, Balve
Buchbinderische Verarbeitung: Buchbinderei S. R. Büge, Celle

ISBN: 978-3-8313-3272-4

INHALT

VORWORT

Die „Dunklen Geschichten aus Göttingen“ sind in einer dunklen Zeit, dem Frühjahr 2020, geschrieben worden: Die Corona-Pandemie lähmte das öffentliche Leben und schränkte das private Dasein in ungewohntem Ausmaß ein. Umso interessanter war die Konzentration auf die verschiedenen Aspekte von Dunkelheit in Vergangenheit und Gegenwart der Stadt Göttingen, von denen es so viele gab und gibt, dass die Auswahl nicht immer leicht fiel.

Zu diesem Buch haben etliche Menschen beigetragen. Sie waren mit Erinnerungen, Material, Vorschlägen und Fotos die Geburtshelfer der dunklen Geschichten aus Göttingen.

Die Autorin dankt sehr herzlich Prof. Dr. Peter Aufgebauer, Ulrich Drees, Antonius Grüber, Frauke Klinge, Christoph Schmidt, Prof. Dr. Andreas Spengler, Eva Tichauer Moritz, Dr. Dorothea Trittel, Christian Westensee und Katharina Wolf.

Dank dieser kreativen Ideengeber findet sich in diesem Buch nun ein reiches Themenspektrum, das von Schokolade über Skandale bis hin zu Kellern reicht und eines deutlich machen: Dunkelheit an sich ist nicht die bloße Abwesenheit der Helligkeit. Vielmehr ist sie ebenso nuancenreich und faszinierend wie das menschliche Leben.

Die Leserinnen und Leser sind nun zu einem Streifzug durch die Universitätsstadt an der Leine eingeladen und werden diese mit dem Blick auf das Dunkel in seinen vielfältigen Schattierungen vielleicht aus einer ganz neuen Perspektive kennenlernen.

Viel Freude bei der Reise in die Dunkelheit Göttingens wünscht Ihnen

Ihre Cornelie Hildebrandt

JULIUS KLINGEBIEL – KUNST IN ZELLE 117

Die weiß getüpfelten Hirsche stehen in großen Gruppen zusammen. Freundlich äugen die stattlichen Tiere zu dem schüchternen jungen Mann, der am Zaun ihres Geheges lehnt. Julius Klingebiel heißt er und geht in seiner Heimatstadt Hannover oft in den Zoo. Fast ebenso gerne wie die indischen Axishirsche betrachtet er die beiden Königstiger, die auf engem Raum leben. Sie gehören zu den Fressfeinden der Axishirsche, und doch schätzt Klingebiel beide Spezies gleichermaßen. Fremd sind diese Tiere in Deutschland, ihrer Freiheit beraubt und auf unnatürlich kleine Lebensräume zusammengepfercht.

Die politischen Zeiten sind in den 20er- und 30er-Jahren des 20. Jahrhunderts unruhig, die Nazis kommen an die Macht. Julius Klingebiel tritt nach seiner Schlosserlehre, die er von 1928 bis 1930 macht, der Wehrmacht und der SA bei. Als 1939 der Zweite Weltkrieg ausbricht, erkrankt er an einer akuten Psychose. Weil er im Streit in verwirrter Verfassung seinen Stiefsohn gewürgt und seine Frau bedroht hat, wird er von der Polizei als „Geistesgestörter“ festgenommen und eingewiesen: zuerst in die Nervenklinik der Stadt Hannover und dann als „gemeingefährlicher Geisteskranker“ in die Provinzial- und Heilanstalt Wunstorf, wo ihm eine paranoide Schizophrenie attestiert wird. Diese Diagnose bedeutete damals lebenslangen Freiheitsentzug. 1940 wird Klingebiel nach Göttingen verbracht, und zwar in das gefängnisartige Verwahrungshaus der Landesheil- und Pflegeanstalt am Rosdorfer Weg, das für „geisteskranke Verbrecher“ zuständig war.

Doch Klingebiel hat Glück im Unglück: Zwar wird er nach dem NS-Erbgesundheitsgesetz zwangssterilisiert, doch entkommt er der braunen Tötungsmaschinerie, die ihm als unheilbarem Geisteskranken – so die Diagnose am 10. Oktober 1940 – drohte. Wie durch ein Wunder überlebt er die Hitlerzeit und den Zweiten Weltkrieg.

Obwohl es auch nach Kriegsende keinen richterlichen Beschluss für eine Inhaftierung gibt, bleibt Julius Klingebiel bis zu seinem Tod im Jahr 1965 Insasse des „Festen Hauses" des Landeskrankenhauses Göttingen. Er wird seine dunklen Zellen nicht mehr verlassen und die Axishirsche und Königstiger im Zoo von Hannover nie wieder sehen.

Julius Klingebiel vor seiner Malerei in Zelle 117, um 1954.

Dafür holt er die Hirsche und Tiger zu sich, in seine Zelle: Klingebiel beginnt zu malen, und zwar auf die weißen Wände seiner Zelle Nummer 117 im ersten Stock des Nordflügels im Festen Haus. Erst benutzt er dazu Stücke verbrannten Holzes und Steinchen, die er beim Hofgang findet, dann rührt er sich aus Zahnpasta, Milch, Speichel und Kohle selbst Farben an. Natürlich ist das verboten, eine klare Regelüberschreitung, und die Wärter sorgen dafür, dass er seine Bilder wieder abwäscht und die Wände weiß übertüncht.

Doch dann wird der leitende Psychiater Emmo Müller-Suur auf das ungewöhnliche Verhalten des Patienten aufmerksam und fördert von da an Klingebiels künstlerische Bestrebungen: Er bekommt Farben sowie Pinsel und darf nun ungehindert seine Zelle ausmalen. Die Gründe für dieses Zugeständnis sind gerade in dieser äußerst düsteren Zeit psychiatrischer Behandlung vielschichtig: Zum einen ist das Tun des Patienten für die Ärzte interessant, denn Klingebiel offenbart mit seinen Bildern viel von seinem Innenleben. Dann ist der sonst als schwierig bekannte Patient beim konzentrierten Malen viel ruhiger. Die emotionalen Ausbrüche, bei denen ihn unter anderen die tadelnde Stimme seines Vaters quält, nehmen ab. So räumt man ihm nach und nach gewisse Freiheiten ein, die Klingebiel für seine künstlerische „Arbeit" nutzt. Diese ist ihm so wichtig, dass er auch nachts malt und auf Hofgänge und den Austausch mit anderen Patienten verzichtet. Gern erklärt er hingegen Personal und Besuchern, die seine Malerei sehen wollen, wortreich seine Bilder.

Vor allem sind da auf der rechten Zellenlängswand die schönen indischen Hirsche und der Königstiger klar zu erkennen an der Krone, die diese herrschaftliche Raubkatze auf dem Kopf trägt. Diese Tiere mit menschenartiger Physiognomie sind großformatig und schwarz umrahmt wie auch das Steuerrad auf der linken Seite der Zelle. Dieses Rad kann als Versuch, durch Klingebiels Zelle, aber auch durch seine Bilder- und Gedankenwelt zu navigieren, verstanden werden. Dann gibt es auch viele kleine Bilder, die auf die Zeitgeschichte anspielen: Göring und Hitler als Jäger, mit zum Hitlergruß erhobenen – falschen – Armen, verkehrt herum drehende Hakenkreuze, Wilhelm II. und Friedrich der Große. Es finden sich zahlreiche Frauenbilder: elegant gekleidete Damen und Nixen im Badeanzug. Vielleicht sind sie Ausdruck seiner ungelebten Sehnsüchte und Kompensation seiner Zwangssterilisation. Besonders ergreifend ist eine Jesusfigur über der Türöffnung, in deren Umrahmung die untere Begrenzung fehlt. Handelt es sich hier um Klingebiels Ausdruck seiner Hoffnung, die winzige Zelle doch jemals wieder verlassen zu können?

Zelle 117 ist nach Meinung vieler Experten ein einmaliges Gesamtkunstwerk: Nur ein schmaler Streifen unter der Zimmerdecke ist freigelassen, sonst hat Julius Klingebiel jeden Zentimeter der Wände bemalt und sich den Raum so zu eigen gemacht. Sein künstlerisches Schaffen ist diesem Patienten offensichtlich ein existentielles Bedürfnis gewesen, wodurch er sein defizitäres Leben zu erweitern versucht hat. Der Gesamteindruck beim Betreten der Zelle ist dementsprechend wuchtig: Braun- und Grüntöne herrschen vor und lassen die Zelle, die durch das vergitterte Fenster

Einblick in die Klingebiel-Zelle bei Tageslicht, 2013.

ohnehin nur wenig Licht hereinlässt, noch düsterer erscheinen. Der Besucher hat das Gefühl, von halluzinogenen Visionen verschlungen zu werden. Doch steht es ihm frei, den nur 9,25 Quadratmeter großen Raum wieder zu verlassen, was dem Patienten Klingebiel nicht möglich war. Er blieb bis zu seinem Tod im Jahr 1965 ein Gefangener auf dem Gelände des LKH Göttingen, und zwar ohne jeden richterlichen Beschluss.

Dies ist jedoch nur die eine Seite der dunklen Geschichte. Die andere Seite liegt in dem, was Klingebiel hinterlassen hat: seine Malereien in Zelle 117. Obwohl die gesamte Zelle seit 2012 unter Denkmalschutz steht, ist sie für die Öffentlichkeit nicht zu besichtigen. Schlimmer noch: Feuchtigkeit und Leerstand setzen ihr über die Maßen zu, und Experten fürchten um den Erhalt dieses einzigartigen Beispiels an „Outsider Art" – Kunst, die abseits akademischer Lehre und traditioneller Regeln allein aus dem starken Bedürfnis nach Ausdruck geschaffen wurde.

Das „Feste Haus" mit seiner Zelle 117 wurde 2016 geräumt und steht seitdem leer. Zuständig ist nun das Niedersächsische Landesamt für Bau und Liegenschaften in Zusammenarbeit mit den zuständigen Behörden der Denkmalpflege. Immer wieder hat es Berichte, Veröffentlichungen, Fernsehsendungen und auch Ausstellungen mit Fotoinstallationen gegeben. Die Klingebiel-Zelle wurde sogar zum viel diskutierten Thema im Niedersächsischen Landtag. Nach aktuellem Stand bleibt die Zelle mit ihren Ausmalungen dort, wo sie derzeit ist und ist für niemanden zugänglich. Ihr Geheimnis und ihr Zauber liegen damit im undurchdringlichen Dunkeln.

DIE MIKWE – RITUELLES GEHEIMNIS IN DUNKLEM KELLER

Als die Mieter nach vielen Jahrzehnten auszogen, hinterließen sie allerlei Gerümpel in den Kellerräumen des 1898 erbauten Fachwerkhauses in der Roten Straße 28. Der Hausbesitzer krempelte die Ärmel hoch und machte sich an die Arbeit, aufzuräumen und Platz zu schaffen. Einer der Kellerräume war mit Brennkohle gefüllt. Nie wird er den Augenblick vergessen, als er entdeckte, was unter den Bergen

Die freigelegte Mikwe im Jahr 2020.

schwarzer Kohle fast 90 Jahre versteckt gewesen war: eine Mikwe, ein jüdisches Bad zur rituellen Reinigung. Als G. das gemauerte, innen weiß gekachelte Tauchbecken sah, wusste er sofort, worum es sich handelte und machte sich daran, dieses historische Kleinod freizulegen und zu säubern. Über 30 Jahre ist das her, und noch heute leuchten seine Augen, wenn er von diesem Fund erzählt.

Dass es sich bei dem ererbten Wohnhaus mit Geschäftsräumen im Erdgeschoss ursprünglich um ein jüdisches Haus gehandelt hatte, wusste der Hauseigentümer bereits von seiner Tante, die das Haus in den 50er-Jahren gekauft hatte. Er besitzt auch Unterlagen aus den dunklen Jahren der Naziherrschaft, als es noch der Familie Löwenstein gehört hatte. Dabei handelt es sich um ein Mieteinnahmeheft. In dieses Heft trug Rosalie Löwenstein, die Ehefrau des Erbauers, alle Mieteinnahmen der neun Wohnparteien ihres Hauses ein. Ihr letzter Eintrag stammt aus dem Jahr 1942, kurz bevor sie am 12. Mai von der SA abgeholt wurde. Man brachte sie in ein Sammellager in der Hannoverschen Straße, von wo aus sie nach Auschwitz deportiert wurde. Dort wurden Rosalie Löwenstein, ihre Schwester und bereits zuvor ihr behinderter Sohn ermordet.

G., der jetzige Eigentümer des stattlichen Fachwerkhauses, erforschte die Umstände seiner unglaublichen Entdeckung und konnte Interessantes über die Mikwe in der Göttinger Innenstadt in Erfahrung bringen.

Ende des 19. Jahrhunderts war es in der jüdischen Gemeinde Göttingens zu einem Konflikt gekommen. Man hatte eine großzügige Spende von 5000 Goldmark erhalten und beriet nun über die Verwendung. Der größere, liberale Teil der

Das Haus der Brüder Löwenstein, Rote Straße 28. Sowohl die goldenen Zierelemte an den Halbsäulen im Erdgeschoss als auch die Gestaltung der rechten Eingangstür lassen den jüdischen Ursprung des Hauses erkennen.

Gemeinde stimmte für die Anschaffung einer Orgel für ihre Synagoge am Waageplatz, die orthodoxen Juden hingegen wehrten sich heftig gegen diesen Plan. Orgelmusik oder auch ein von der Orgel begleiteter Kirchengesang war christlich, die traditionelle jüdische Gebetsversammlung dagegen kennt nur den A-cappella-Gesang ohne Instrumente. Die strenggläubigen Gemeindemitglieder forderten statt der Orgel den Bau einer Mikwe in ihrer Synagoge, um den Göttinger Juden endlich die Möglichkeit des rituellen Bades zu eröffnen. Die fortschrittlicher denkenden Göttinger Juden setzten sich schließlich mit dem Argument durch, dass eine Mikwe unhygienisch sei und ließen von dem gespendeten Geld eine Orgel bauen.

Unter Protest traten daraufhin die fünf strenggläubigen Familien aus der Gemeinde aus und gründeten eine kleine Untergruppe, die ihren Sitz in der Roten Straße, im Haus der Brüder Löwenstein, hatte. In einem der oberen Stockwerke richtete man einen Betsaal ein, und im Keller baute man die Mikwe. Da keine Baugenehmigung eingeholt worden war, wusste niemand von dem rituellen jüdischen Bad in der Roten Straße, obwohl es höchstwahrscheinlich noch bis 1942 benutzt wurde.

Nach dem Tod der Göttinger Löwensteins geriet die Mikwe vollkommen in Vergessenheit – bis zu dem Tag, an dem der neue Hausbesitzer die Keller seines Hauses sichtete und aufräumte. Weitere Zusammenhänge klärten sich nun auf. G. hatte nämlich auch etliche Zisternen im Hinterhof gefunden und sich über diese große Anzahl an Regenwasserbehältern gewundert. Jetzt verstand er, dass es sich hierbei um Wassersammelbecken für die Mikwe handelte, die ausschließlich mit „lebendigem“ Wasser befüllt werden darf, also mit Wasser natürlichen Ursprungs wie Grundwasser, Regenwasser oder fließendem Wasser aus einer Quelle. Die Herkunft des Wassers ist deswegen so bedeutsam, weil es bei dem rituellen Eintauchen in das Becken nicht um die Reinigung des Körpers geht, sondern um die Reinigung der Seele und des Geistes. Deshalb muss das Wasser koscher (im jüdischen Verständnis „rein“) sein. Unmittelbar vor dem Eintauchen sollte eine sehr gründliche körperliche Reinigung mit normalem Wasser stattfinden. Jüdische Frauen sind gehalten, vor der Hochzeit, nach Geburten oder auch nach jeder Menstruation die Mikwe aufzusuchen. Und auch die Männer tauchen sowohl bei einschneidenden Veränderungen in ihrem Leben in das rituelle Bad ein, als auch jeden Freitag vor dem Schabbat, weil sie dann ihre Frauen „glücklich machen“ sollen. Ebenfalls können neu angeschaffte Gegenstände im lebendigen Wasser der Mikwe gereinigt werden, bevor sie dem Gebrauch zugeführt werden.

G. will die Mikwe im Keller seines Hauses nun wieder nutzbar machen. Er scheut keine Kosten und Mühen, um dabei so viel wie möglich originalgetreu in den Urzustand zu versetzen, gleichzeitig aber modernen Lebensbedingungen gerecht zu werden. So lässt er in einem Kellerraum links von der Mikwe ein kleines Badezimmer mit Dusche und Toilette einbauen, in dem man sich säubern kann. Denn das Besondere an seinem Haus in der Roten Straße ist, dass dort seit 2002 wieder aktives jüdisches Gemeindeleben stattfindet. Die jüdische Kultusgemeinde hat hier ihr Zuhause gefunden, erst in einer Wohnung im Hinterhaus, und seit einigen

Jahren im Keller des Hauses. Hier befindet sich jetzt der Betsaal, der schon bald durch die wieder benutzbare Mikwe ergänzt werden wird.

Und auch die Geschäftsräume im Erdgeschoss des Hauses haben vor einigen Jahren eine neue Bestimmung gefunden: Die Begegnungsstätte „Löwenstein“, von der Jüdischen Kultusgemeinde für Göttingen und Südniedersachsen e. V. betrieben, bietet Menschen jeder Religion und jeden Alters einen besonderen Ort zum Sprechen, Essen, Trinken, Lernen, Lesen, Musizieren und Musikhören. Gleichzeitig ist die Begegnungsstätte aber auch ein Ort der Erinnerung, zum einen durch ihren Namen „Löwenstein“, mit dem die Erbauer und ehemaligen Besitzer und Bewohner des Hauses gewürdigt werden, zum anderen aber auch durch wechselnde Wanderausstellungen zum Judentum.

GOTTFRIED AUGUST BÜRGER – DIE KINDSMÖRDERIN UND DER DICHTER

Es ist kurz vor Weihnachten des Jahres 1780, als die Magd Catharina Elisabeth Erdmann ihrem Dienstherren kündigt. Nach Hause muss die 23-Jährige, ins 14 Kilometer entfernte Gelliehausen, da ihre Mutter schwer erkrankt ist und nach ihr gerufen hat.

Fünf Jahre war sie im Dienst des Bäckers und Gastwirtes Quentin am Groner Tor in Göttingen. Nun schnürt sie rasch ihre wenigen Habseligkeiten in einem Bündel zusammen, bekommt den ausstehenden Lohn ausgezahlt und macht sich, in ihr großes, graues Wolltuch gewickelt, in der winterlichen Dunkelheit auf den Weg. Zum Groner Tor geht es aus der Stadt hinaus über die unbeleuchtete Landstraße Richtung Südosten.

Das Gehen fällt ihr schwer, merkwürdig unförmig ist sie in den letzten Wochen geworden, dabei hat sie nicht mehr zu essen bekommen als sonst auch. Auch zieht es so merkwürdig in ihrem Bauch und ihren Brüsten, und sie kommt schneller aus der Puste. Normalerweise braucht man für die Strecke nicht viel mehr als gut drei Stunden – Catharina ist fast fünf Stunden unterwegs.

Der Abschied von Göttingen ist ihr nicht schwer gefallen. Catharina lässt keine Menschen zurück, an denen ihr Herz hängt. Auch der Fleischhauer Daniel Riemschneider, mit dem sie ab und zu das Bett geteilt hat, steht ihr nicht wirklich nahe. Doch auch die Vorfreude auf ihre Familie ist überschattet von der Angst vor ihrem Vater, dem Schuhmacher Lorenz Erdmann. Streng und jähzornig ist er und schlägt auch mit dem Schürhaken zu, wenn er mal wieder zu viel Branntwein getrunken hat.

Als Catharina endlich in Gelliehausen ankommt, will sie sich nur noch aufwärmen und endlich schlafen. Doch die Eltern überhäufen sie sogleich mit drängenden Fragen: Wie dick sie geworden sei … Trage sie etwa ein Kind im Bauch? Der Vater schwingt bereits probehalber den Schürhaken, während die bettlägrige Mutter das Gesicht in den Händen verbirgt und wiederholt das Wort „Schande“ schluchzt. „Nein, bestimmt nicht, auf gar keinen Fall“, beteuert die Tochter. Sie wisse ja gar nicht, wie so etwas überhaupt gehe, und verheiratet sei sie schließlich auch nicht.

Die Feiertage verstreichen, eine beklemmende Stimmung liegt über dem kleinen Fachwerkhaus. Catharina geht es nicht gut, sie bewegt sich so schwerfällig, dass sie die Arbeiten im Haus nicht mehr rasch verrichten kann.

In der Nacht vom 5. auf den 6. Januar 1781 werden die Bauchschmerzen so heftig, dass Catharina ein Stöhnen nicht mehr unterdrücken kann. Der Vater, der Ruhe unbedingt für sich, die schwerkranke Mutter und den Bruder will, verabreicht ihr Knoblauch und Branntwein, beides probate Hausmittel bei Leibgrimmen. Als das nicht hilft, leuchtet er der Tochter vor die Tür, die er schnell wieder von innen hinter sich schließt.

Draußen krümmt sich die Tochter vor Schmerzen, schreit noch einmal auf und da fällt es auch schon aus ihr heraus: ein kleines Lebewesen, ein Kind. Im Niederfallen zerreißt die Nabelschnur, Mutter und Kind sind nun getrennt. Fassungslos starrt Catharina auf das kleine Wesen, das sogleich kräftig schreit. Angstvoll zum Haus blickend, nimmt sie das Neugeborene auf den Arm und schleppt sich Richtung Garte, dem kleinen Fluss, der unweit ihres Elternhauses eisfrei dahinströmt. Ein Wurf – und das Kind ist weg, fort, als sei es nie dagewesen. Doch schon steht der Vater schwankend vor der Tür. Wer denn da geschrien habe? Und überhaupt, was sie da am Fluss mache?

Kaum ist die junge Frau wieder im Haus, zerrt der Vater sie unter Androhung von Schlägen vor das Bett der Mutter. Diese fordert, dass die Tochter die Röcke hebt – und nun ist nichts mehr zu verheimlichen. Der Bruder wird zur Wehmutter geschickt, die Catharina von der Nachgeburt befreit und gleich auch den Schulzen als Dorfrichter verständigt. Doch wo ist das Kind?

Man pumpt die Garte ab und findet das bleiche kleine Geschöpf, dessen Lungen klar belegen, dass es noch gelebt hat, ehe es ertrank. Die junge Frau wird sogleich in Haft genommen, denn Kindsmord ist ein schweres Vergehen im 18. Jahrhundert, auf das die Todesstrafe steht.

Und nun kommt der Göttinger Schriftsteller Gottfried August Bürger ins Spiel. Als Jurist ist er seit 1771 als Amtmann in Gelliehausen am Gericht des alteingesessenen Geschlechts derer von Uslar-Gleichen für diesen Fall zuständig und plädiert für die Todesstrafe. In einem Brief vom 18. Januar 1781 schreibt er:
„(…) dass ich eine Kindermörderin jetz zur Inquisition habe, die (…) vermutlich zur wohlverdienten (sic!) Strafe, andern Gleichgesinnten aber zum Abscheu und Exempel mit dem Schwert vom Leben zum Tode gebracht und ihr Körper auf das Rad geflochten werden dürfte.“

Dieses harte Urteil verwundert alle Anwesenden, denn Bürger selbst pflegt keinen allzu gesitteten Lebenswandel. Verheiratet mit Dorette Leonhart, liebt er jedoch deren jüngere Schwester Molly mit großer Leidenschaft. Dass diese drei sich zu einer ungewöhnlichen Lebens- und Liebesgemeinschaft in Wölmarshausen zusammengefunden haben, ist nicht nur in Gelliehausen, sondern auch in Göttingen ein offenes Geheimnis und sorgt für gehörigen Tratsch. Vielleicht spielt die Tatsache eine Rolle, dass Bürger seine junge Geliebte gerade weggeschickt hat, auf dass sie heimlich das gemeinsame Kind zur Welt bringe.

Der übergeordnete Richter in Hannover entscheidet anders: Lebenslängliche Haft für die Kindsmörderin, die dann aber nach einigen Jahren freigelassen wird. Über ihr weiteres Leben ist nichts bekannt.

Doch das Schicksal der Catharina Erdmann lässt Gottfried August Bürger, welcher der Nachwelt vor allem als bedeutender Lyriker (u. a. die wunderschönen Liebesgedichte an seine verbotene Geliebte Molly) des Sturm und Drang bekannt ist, nicht mehr los. Noch im selben Jahr erscheint seine Ballade „Des Pfarrers Tochter zu Taubenhain“, in der er das Motiv des Kindsmords anrührend verarbeitet.

Heute erinnern sowohl die Bürgerstraße, welche vom Groner Tor stadteinwärts führt, als auch die Bronzebüste am Gauß-Weber-Wall an diesen Mann, der sich sein Leben lang zwischen den beiden Polen Pflicht und Leidenschaft aufgerieben, doch in keinem Bereich sein Glück gefunden hat. Der Dichter und Amtmann Gottfried August Bürger stirbt schließlich verarmt und einsam am 8. Juni 1794 an der Auszehrung und wird auf dem Göttinger Bartholomäusfriedhof beigesetzt. Wo die Kindsmörderin begraben liegt, ist unbekannt.

NACHTIGALLEN – SÜSSE VERZAUBERUNG IN DUNKLEN NÄCHTEN

Die Dämmerung senkt sich allmählich über Göttingen, es ist die Zeit der langen Tage und kurzen Nächte: Frühling 2020.

Plötzlich ist draußen in der Ruhe des späten Abends eine längere Tonfolge zu hören, die in Variationen immer wieder aufs Neue erschallt. Laut und deutlich erklingt das Lied der Nachtigall, die in diesem Mai so markant und häufig zu vernehmen ist wie schon seit Jahren nicht mehr. Die Gründe hängen vermutlich mit der Ausnahmesituation der Corona-Pandemie zusammen, in der sich auch die Universitätsstadt an der Leine seit Mitte März 2020 befindet: Sei es, dass durch die heruntergefahrenen Aktivitäten weniger Lärm herrscht und wir ein offeneres Ohr für unsere gefiederten Mitbewohner haben, sei es, dass die Vögel sich nun die Stadt als Aufenthaltsort zurückerobern. Dafür würde der Ententrupp sprechen, der ebenfalls in diesen Frühlingstagen in souveräner Selbstverständlichkeit in breiter Phalanx mitten auf der Fahrbahn der Hanssenstraße im unteren Ostviertel entlangwatschelte.

Auch tagsüber sind viele Vogelstimmen deutlicher als sonst zu hören, doch nichts reicht an den Gesang der Nachtigall heran, die ein wahres Stimmwunder ist: Bis zu 500 „Strophen" (kleine, in sich abgeschlossene Tonfolgen) beherrschen die besonders begabten Nachtigallen, doch auch die „Durchschnittsnachtigall" hat 120 verschiedene Strophen im Register. Die Sangeskunst ist ausschließlich den männlichen Vögeln vorbehalten, die damit um Partnerinnen werben. Sie holen die Artgefährtinnen mit ihren süßen Tonfolgen aus der Luft auf den Boden, wenn diese nach dem weiten Weg von 12 000 Flugkilometern endlich in Deutschland ankommen. Die Nachtigallenherren brechen bereits einige Tage vor den Damen in Südafrika auf, um sich hier entsprechend vorzubereiten und schon ein geeignetes Revier zu beziehen.

Beim Anlocken der Gefährtinnen sind die sogenannten „Schluchztöne“ besonders wirkungsvoll, die in einer sich allmählich beschleunigenden Reihe von Pfeiftönen die Köpfe der zierlichen grauen Damen verdrehen und ihre Herzen betören. Da kann es durchaus passieren, dass ein besonders klangreicher Nachtigallerich gleich mehrere Weibchen um sich schart, die ihm voller Bewunderung lauschen. Davon profitieren wiederum die weniger begabten Männchen, die sich unter die Zuhörerinnen mischen und dann aus den übrig gebliebenen Damen wählen können.

Die Virtuosität der Nachtigallen dient dem Elementaren allen Seins, nämlich der Fortpflanzung. Wer gut singen kann, verfügt auch über ein attraktives Revier, also einen Platz mit viel Gestrüpp und zahlreichen Insekten – das ist aus Vogelsicht durchaus nachvollziehbar. Hat sich ein Nachtigallenpärchen über die Musik gefunden, ist keine Zeit mehr für süße Gesänge. Nun gilt es in Sachen Nachwuchs tätig zu werden, denn die Zeit bis Ende August ist knapp bemessen: nur noch drei Monate, bis sich die kleinen Sänger für den weiten Rückflug nach Südafrika bereit machen müssen. Da ist zuerst der Nestbau, dessen Ort in bodennahem Gestrüpp sein sollte. Dann werden die Eier gelegt und bebrütet. Sind die Vogelkinder geschlüpft, folgt auch schon bald der Gesangsunterricht, der allerdings in diesen eher patriarchalisch funktionierenden Vogelfamilien nur für die Nachtigallensöhne stattfindet – die Schwestern dürfen allenfalls Publikum spielen. Der Unterricht bestückt sich aus dem Repertoire des Vaters, aber auch aus den Strophen benachbarter Sänger. Daraus entwickeln sich beim Nachwuchs durchaus auch eigene Kompositionen, was die große Bandbreite der Nachtigallengesänge erklärt.

Und diese erklingen in den wenigen kostbaren Nächten der Partnersuche aus Brombeergesträuch, Hainbuchenhecken oder Weißdorn bis zu einem Kilometer weit und verzaubern nicht nur die weiblichen Artgenossen, sondern auch uns Menschen in Göttingen.

GAUSS UND WEBER – LICHTBLITZE AN DUNKLEM NACHTHIMMEL

Ein Kupferdraht spannt sich über die Dächer der Göttinger Innenstadt: Er reicht von einem Haus am Papendiek zu den Türmen der Johanniskirche. Von dort aus führt er weiter über den Marktplatz und mündet schließlich in einem Fenster der Sternwarte an der Geismar Landstraße.

Es ist ein warmer Abend im Jahr 1833, als der Draht zu zucken und zu vibrieren beginnt. Zwei Gelehrte beobachten, getrennt voneinander, jeweils von ihrem Fenster aus diesen unscheinbaren Vorgang mit großer Spannung. Beide halten eine kryptische Zeichentabelle in den Händen. Zeitgleich verlässt ein junger Mann namens Michelmann das Fachwerkhaus am Papendiek, in dem sich das Studierzimmer des Physikers Wilhelm Weber befindet. Geschwind eilt der Gehilfe durch die enge Johannisstraße an der zweiturmigen Johanniskirche vorbei und überquert den Marktplatz. Kurz darauf lässt er bereits den Stadtwall und damit die mittelalterliche Göttinger Innenstadt am Geismartor hinter sich. Weiter geht es die Lange Geismarstraße entlang, bis Michelmann linkerhand das eiserne Tor zur Neuen Sternwarte erreicht. Außer Atem pocht er an die schwere geschnitzte Tür, wo ihn der Direktor der Sternwarte höchstpersönlich, eine Uhr in der Hand, aufgeregt einlässt. Knapp fünf Minuten hat der Assistent Professor Webers für seinen Weg gebraucht. Nun treten Michelmann und der Direktor der Sternwarte, Professor Gauß, gemeinsam an genau das Fenster, zu dem das andere Ende des Drahtes führt, und beugen ihre Köpfe über die Tabelle.

Für den Astronomen und Mathematiker Gauß, der vom König von Hannover erst kürzlich zum „Fürsten der Mathematik“ ernannt wurde, ist die Entschlüsselung ein Kinderspiel. Schnell überträgt er die unterschiedlich langen Ausschläge des Drahtes, die durch Spiegel und Fernrohre vergrößert und gut sichtbar geworden sind, in folgende Nachricht: „Michelmann kömmt“. Nur wenige Sekunden länger als der eilige Botengang Michelmanns hat die Übermittlung dieser Botschaft durch die elektromagnetische Datenleitung gedauert. Dieser knappe Vorsprung ist wohl auch nur der beflissenen Jugend des langbeinigen Assistenten zuzuschreiben.

Was für die beiden berühmten Gelehrten eine kurzweilige Spielerei bleiben sollte, wurde als Gauß-Weber-Code zur Grundlage aller modernen Übertragungssysteme bekannt und revolutionierte sämtliche Formen menschlicher Kommunikation.

175 Jahre später zucken grüne Lichtblitze über den Göttinger Nachthimmel. Sie erstaunen, ja verstören diejenigen Passanten, die an diesem 19. November 2007 den Kopf in den Nacken legen und zum Winterhimmel aufblicken. Schnell stellen sie fest, dass sich der Takt der grellen Lichtblitze ändert: Mal sind es kurze, mal lange Impulse, die in ständig wechselnder Abfolge die Dunkelheit zerschneiden.

Die Verwirrung über dieses unbekannte Phänomen klärt sich am nächsten Morgen beim Lesen des Göttinger Tageblattes auf. Dort erfährt man, dass es sich bei den nächtlichen Lichtblitzen nicht etwa um den Angriff feindlicher Mächte gehandelt hat. Vielmehr waren es Laserstrahlen, die verschlüsselte Botschaften schickten. Diese wurden von einem Lasertelegrafen ausgesendet, der genau den Code verwendete, den seinerzeit die beiden berühmten Göttinger Gelehrten Gauß und Weber im Jahr 1833 erfunden hatten.
Es bleibt nicht bei einem Einzelerlebnis: Nach ersten Versuchen im Jahr 2006, zum 150. Todestages des Göttinger Gelehrten Gauß, werden nun ab dem 19. November 2007 Abend für Abend nach Sonnenuntergang codierte Botschaften von der Sternwarte zur Johanniskirche geschickt. Göttin-

ger Rätselfreunde sind so allabendlich nach Einbruch der Dunkelheit eingeladen, die Abfolge von kurzen und längeren Lichtsignalen zu entschlüsseln, und zwar nach dem morseähnlichen Alphabet von Gauß und Weber.

Die Übertragung der Nachricht beginnt mit einer Startsequenz, bestehend aus abwechselnd langen und kurzen Pulsen. Danach folgt die eigentliche Signalübertragung. Dabei entspricht jeder Buchstabe unseres Alphabets einer Abfolge von kurzen und langen Lichtimpulsen. (+) steht in diesem Alphabet für kurze und (-) für lange Lichtsignale. Nach jedem Buchstaben gibt es eine kurze Pause, nach jedem Wort eine längere Pause. Das Ende der Nachricht ist wie die Startsequenz eine Folge abwechselnd langer und kurzer Pulse, welche als Stoppsignal gilt. Die gesamte Sendezeit beträgt zwei Stunden, in der die Nachricht immer wieder neu gesendet wird.

A +	F - -	L - + +	Q + + + -	V + - - +
B –	G + + +	M - + -	R + + - +	W + - - -
C + +	H + + -	N - - +	S + + - -	X - + + +
D + -	I +- +	O - - -	T + - + +	Y - + + -
E - +	K + - -	P + + + +	U + - + -	Z - + - +

Der Gauß-Weber-Code.

Wichtig für die erfolgreiche Entschlüsselung ist ein guter Beobachtungsposten: Der Wochenmarkt eignet sich hierfür genauso wie ein Standort beim Gänseliesel. Man muss nicht den ganzen Strahl sehen, es reichen kurze Abschnitte oder auch der grüne Zielpunkt auf dem Nordturm der Johanniskirche. Viele der monatlich wechselnden Botschaften haben mit den Vätern des Codes zu tun, beispielsweise „die gaussglocke laeutet sehr sehr leise“ oder „gauss liegt begraben beim cheltenham park“. Es gibt aber auch Nachrichten, die sich auf Aktuelles beziehen wie „willkommen erstis“, mit der die Erstsemester-Studierenden im Oktober 2019 zum Wintersemester an der Göttinger Universität begrüßt wurden.

Die Strecke, in welcher die Lichtstrahlen das Dunkel über Göttingen in rascher Folge durchzucken, hat nicht nur die gleiche Länge wie einst der Kupferdraht der beiden Professoren Gauß und Weber, nämlich 1,1 Kilometer, sie nehmen auch in etwa den gleichen Weg: Vom Dach der Volksbank am Geismartor zur Sternwarte in der Geismar Landstraße und über den Markt zu den Türmen der Johanniskirche.

Laserstrahl an Göttingens Nachthimmel.

Die Idee für den nächtlichen Leuchtstrahl hatte das Measurement Valley, ein Verbund von 43 Messtechnikunternehmen aus Göttingen und Umgebung. So soll in der „Stadt, die Wissen schafft“ an das historische Ereignis von 1833 erinnert

Das Gauß-Weber-Denkmal (Bürgerstraße) stellt mit dem von Gauß in der Hand gehaltenen Draht die Erfindung des elektromagnetischen Telegrafen dar.

werden, als das erste Telegramm der Welt quer über die kleine Universitätsstadt gesendet wurde. Gleichzeitig weist diese Installation auf die Bedeutung hin, die das Licht als Signalgeber und der Laser als anspruchsvolle und vielseitige Lichtquelle in Gegenwart und Zukunft haben. Von daher stellt die breit aufgestellte Laserforschung und -anwendung in Göttingen ein wichtiges Standbein dar und knüpft an das an, was Carl Friedrich Gauß und Wilhelm Weber bereits in der Mitte des 19. Jahrhunderts so fasziniert hat.

DEUTSCHES THEATER – DUNKLE SPIELORTE FÜR DUNKLE GESCHEHNISSE

Langsam rollt das Auto auf die Parkschranke des Deutschen Theaters in Göttingen zu, von Sicherheitsleuten in weißer Infektionsschutzkleidung mit wortlosen Armbewegungen dirigiert. Unerbittlich kontrollieren die strengen Augen über der Maske das Wageninnere und seine Insassen, ob auch alles den geltenden Hygienebestimmungen entspricht. Am bunt blinkenden Pförtnerhäuschen werden die Theatergäste mit den 27 Regeln des politischen Systems „Die Methode“ vertraut gemacht: Von „Körperliche Gesundheit ist das höchste Ziel jeder menschlichen Handlung“ über „Die Instrumente der öffentlichen Angelegenheit sind Überzeugung und Kontrolle“ bis zu „Viren werden vom kollektiven Immunsystem bekämpft“ erfahren sie die Eckpfeiler eines Staates, in dem die Gesundheit der Bevölkerung zur Staatsdoktrin geworden ist.

Als die bekannte Autorin und Staatsanwältin Juli Zeh ihr Stück „Corpus delicti“ im Jahr 2007 schrieb, konnte niemand ahnen, wie schnell die hierin dargestellte Dystopie sich unserer Realität annähern würde. Im Jahr 2020 ist die Welt einem hochansteckenden Virus ausgeliefert, vor dem sich die Menschen nur unter Einhaltung vieler strikter Bestimmungen schützen können. Die Corona-Pandemie setzt außer Kraft, was für uns zu selbstverständlichen Bestandteilen individueller Freiheit geworden sind: persönliche Kontakte, körperliche Nähe und unbegrenzte Bewegungs- und Reisefreiheit. An deren Stelle sind Sicherheitsabstände, Masken und Ausgangsbeschränkungen getreten.

Was sich im Alltag des Frühlings 2020 immer noch unwirklich anfühlt, ist in der „Methode“ längst zu einem perfektionierten System geworden, dem sich alle Bürger fraglos unterwerfen. Zumindest fast alle: Ausnahmen sind die Geschwister Mia und Moritz Holl. Moritz, der statt nach Sterilium „nach Mensch“ riecht und sich seine Partnerin nach emotionalen Bedürfnissen und Neigungen statt nach körperlichen Bedingungen und Beschränkungen aussucht, träumt von einer freien Gesellschaft: „In meinem Kopf tanzen Menschen nachts auf der Straße, … wo man Wein aus schmutzigen Gläsern trinkt.“ Doch damit kommt er nicht durch. Der Überwachungsstaat – dem Theatergast bedrohlich präsent durch den Lärm rotierender Hubschrauberflügel und gellender Martinshörner – weiß alles über den Freidenker Moritz und setzt die Maschinerie der Sanktionierung und Umerziehung in Gang. Moritz jedoch entscheidet sich für „krank und frei“ und erschießt sich: „Das Leben ist ein Angebot, das man auch ablehnen kann.“ Für seine Schwester Mia, eine Biologin, ist der Konflikt nicht ohne Weiteres aufzulösen, sie reflektiert die Bedingungen und den Preis, den die Gesellschaft für eine perfekte Gesundheit in einer aseptischen Welt zahlen muss.

Für den Theatergast ist dieses „Roll-Through-Theater“ ein ebenso beeindruckendes wie verstörendes Erlebnis: In dem Augenblick, da der Besucher die Theaterschranke passiert, wird er Teil der „Methode“ und damit einer Gesellschaft der vollständigen Kontrolle und humorfreien Freudlosigkeit. Indem er in die dunkle Tiefgarage des Theaters hinabrollt, gibt er seine Freiheit auf und ist gezwungen, den Anweisungen der Sicherheitskräfte zu folgen, die ihn durch die labyrinthartigen Gänge der Unterwelt am Theaterplatz leiten. Vier Stationen muss er unterirdisch passieren und ist an jeder einzelnen einem Schauspieler ausgeliefert, der ihn in seinen Rollen als Moritz Holl, die resozialisierende und wieder eingliedernde Staatsmacht, einem Rechtsanwalt und Mia Holl auf Augenhöhe zu einem beklemmenden Austausch zwingt. Im gleichen Maße, in dem der Theatergast die Schauspieler aus der Nähe betrachtet, beobachtet dieser auch den Zuschauer. Somit ist jede Privatsphäre auch im Schutzraum des eigenen Autos aufgehoben, jedes Räuspern oder Augenzwinkern wird zur öffentlichen Angelegenheit, von den Schauspielern gekonnt in ihre Figurenrede eingebaut: „Na, ist die Trinkflasche denn auch sauber?“

Eine Stunde dauert diese langsame Fahrt durch die Unterwelt der „Methode“, und länger ist das klaustrophobische

Erlebnis auch kaum auszuhalten. Die Beklemmung hält nach dem Wiederauftauchen aus der Tiefgarage an und wird verstärkt von der Anklageschrift wegen vielfachen Regelverstoßes, die der Besucher unter seine Scheibenwischer geschoben bekommt. Sie erinnert ihn noch lange an diesen außergewöhnlichen Theaterbesuch im Frühsommer 2020.

Es ist nicht das erste Mal, dass das Göttinger Haus am Wall die Tiefgarage zum Schauplatz des Theatergeschehens macht: Bereits 2017 wurde das ebenfalls dystopische Stück „1984“ nach George Orwell im Dunkeln des Parkhauses aufgeführt. Allerdings war damals noch Kontakt möglich: Jeder Zuschauer wurde von einem Begleiter geführt, der ihn zu seinen Stationen geleitet. Dafür wurden die Sinne drastisch reduziert. Man bekam die Augen verbunden und wurde mit einem Kopfhörer versehen, über den der hilflose Theatergast die beängstigende Botschaft „Der große Bruder sieht dich“ wieder und wieder ins Ohr und ins Hirn gehämmert bekam. Ähnlich wie in der Welt der „Methode“ waren auch hier Kontrolle und Freiheitsverlust die gesellschaftlichen Lebensbedingungen, die dem Theatergast als Teil des szenischen Geschehens nachhaltig erlebbar gemacht wurden. Beklemmend waren auch hier die Bezüge zur politischen Wirklichkeit: einer Wirklichkeit von autoritären Staaten und Staatsoberhäuptern, welche demokratische Werte für ungültig erklären und Meinungsfreiheit mit Füßen treten.

Station 2 der Inszenierung: Auch in seinem Auto befindet sich Moritz Holl im Visier der „Methode".

Es gibt jedoch einen entscheidenden Unterschied dieser Produktion von 2017 zu der aus dem Frühling 2020, und dieser liegt in der Freiheit und Freiwilligkeit. Als Intendant Erich Sidler für die Inszenierung von „1984" in der dunklen Tiefgarage noch ankündigte: „Wir wollten einmal so etwas Besonderes machen und tun das jetzt", war die Realität eine andere. Nun wird das „Wollen" in Zeiten einer Pandemie zum „Müssen". Wenn menschliche Kontakte gefährlich sein können und aus diesem Grund die gewohnten Kulturerlebnisse nicht möglich sind, ist das „Roll-Through" die einzig mögliche Form, in der Theater überhaupt stattfinden kann. Form und Inhalt verschmelzen in der Dunkelheit unter dem Gründerzeitbau zu einer Symbiose, in der die bisherigen Grenzen von Theater auf überraschende Weise gesprengt werden.

Die Inszenierung „Die Methode“ zeigt damit, dass sich in Krisenzeiten ungeahnte Möglichkeiten eröffnen. Und wieder einmal leuchtet die Kultur in Göttingen wie ein Stern am dunklen Himmel.

DER KARZER – „… EI, DA KANN ER BUSSE TUN!“

Ein unheimlicher Zug bewegt sich langsam durch die Fachwerkstraßen der Göttinger Innenstadt: Ein junger Mann in Sträflingskleidung wird an schweren Ketten von seinen Bewachern in Richtung Wilhelmsplatz geführt. Ihm folgt ein von schwarzen Pferden gezogener Wagen, auf dem sich ein großes Holzfass und ein mit einem dunklen Tuch verhängter unförmiger Gegenstand befinden. Schaulustige strömen zusammen, um von diesem düsteren Vorgang auch nicht einen Moment zu verpassen. Vor der Freitreppe der Universitätsaula hält der Zug an. Der Gefangene wird auf die Treppe gestellt, und nun beginnt das Gericht.

Doch halt, irgendetwas stimmt hier nicht: Warum schaut der Delinquent so gar nicht verängstigt? Warum sind die Mienen der Umstehenden freudig, erwartungsvoll und heiter? Warum können die strengen Bewacher einen schadenfrohen, amüsierten Gesichtsausdruck kaum unterdrücken?
Spätestens, als der Wagen abgeladen wird und unter dem Tuch eine „Bierorgel“ zum Vorschein kommt, löst sich die Anspannung in grölendem Gelächter auf. Sträfling und Bewa-

cher krümmen sich vor Lachen. Unter Johlen nimmt ein Student auf dem Wagen an der Bierorgel, einem zur Begleitung studentischer Lieder beim „Kneipen“ bestimmtem Klavier, Platz und haut auch gleich in die Tasten. Gleichzeitig rollen seine Kommilitonen das Fass mit Bier über einen schnell errichteten Steg hinunter und schlagen es sogleich an. Und schon beginnen die „Strafreden“, in denen das Vergehen des Delinquenten lustvoll ausgemalt und witzig angeprangert wird.

So eine „Karzerfahrt“ war im späteren 19. Jahrhundert obligatorischer Bestandteil des studentischen Strafgerichtes, mit dem Vergehen wie öffentliche Trunkenheit, das Entleeren von Nachttöpfen auf offener Straße, Beleidigungen, zu schnelles Reiten in der Stadt, anhaltende Faulheit und verbotene Duelle in der Universitätsstadt geahndet wurden. Dieses Ritual macht deutlich, dass der strafweise Aufenthalt im Karzer, dem Universitätsgefängnis, zu diesem Zeitpunkt schon viel von seinem ursprünglichen Schrecken verloren hatte.

Galt die Inhaftierung von der Mitte des 18. bis zur Mitte des 19. Jahrhunderts durchaus als entehrend und schmachvoll, gehörte später das tageweise Verbüßen von Strafen in einer der zwölf Zellen im Westflügel der neuen Universitätsaula zum Studentenleben einfach dazu, war ein regelrechtes „Muss“ für jeden Göttinger Studenten. Dementsprechend gut aufgelegt bezog der Verurteilte nach der Karzerfahrt seine Zelle, bis an die Holztür geleitet von treuen Freunden. Erst nachdem der Pedell die schwere Holztür zugeriegelt und abgeschlossen hatte, kehrte auf der Rückseite des stattlichen Gebäudes wieder Ruhe ein, während auf dem

Wilhelmsplatz vor der Aula das ausgelassene Feiern weiterging.

In der mit Holztisch und Schemel, Bett, Ofen und Plumpsklo karg ausgestatteten Zelle wurde der Arrestierte sogleich tätig, denn es galt, sich mit Namen, Sprüchen, Gedanken oder einer Karikatur zu verewigen. So packte er aus seiner Tasche neben Ess- und Trinkbarem – die Karzerinsassen mussten sich selbst versorgen oder für die Verpflegung bezahlen – Farbtuben und Kreide, Kohle und Bleistifte, Pinsel, Tinte und Feder sowie Feilen und Taschenmesser aus und suchte sich auf Wänden, Zimmerdecke oder an der Tür ein noch freies Plätzchen. Dies war nicht ganz einfach, denn zahlreiche Studenten vor ihm hatten ihre Gefangenschaft bereits dazu genutzt, um Inschriften, Namenszüge, Schattenrisse, Wappenbilder oder Widmungen zu hinterlassen.

Die berühmteste Inschrift stammt vom späteren „Eisernen Kanzler“ des deutschen Reiches, Otto von Bismarck. Dieser muss ein wilder Student gewesen sein, schließt man von seinen häufigen Verurteilungen und den insgesamt 18 Tagen, die er im Göttinger Karzer verbringen musste, auf seinen Lebenswandel. Das Studentengefängnis befand sich zu Bismarcks Zeiten noch im sogenannten Concilienhaus in der Prinzenstraße 1. Dort war auch das akademische Gericht untergebracht, das an jedem Dienstag und Freitag über die Vergehen der Universitätsangehörigen urteilte, die nicht der öffentlichen Rechtsprechung unterlagen. Bismarcks in die Holztür des Karzers eingeritzte Inschrift „v. Bismarck Han XID“ ist noch heute im Bismarckhäuschen auf dem Wall zu bewundern, wohin die Tür des mittlerweile abgerissenen Concilienhauses gebracht wurde.

Von den Studenten wurde ihr Gefängnis in den 1820er-Jahren spaßig-respektlos in „Hotel de Brühbach“ umbenannt, eine Anspielung auf den Pedell Brühbach, dem Wärter und Aufseher im Karzer. Heinrich Heine berichtet 1824 in seiner „Harzreise“ von einer Begebenheit, in der er drei Reisende, die ihn nach einem angesehenen Göttinger Hotel fragen, scherzhaft ans „Hotel de Brühbach“ verweist. Mit dem Wechsel des Pedells änderte sich entsprechend der studentische Name des Karzers in „Hotel de Gräfe“.

Das Bismarckhäuschen auf dem Göttinger Wall zwischen Nikolai- und Angerstraße. Es handelt sich hier um den letzten noch erhaltenen Turm des äußeren mittelalterlichen Befestigungsringes der Stadt. Hier wohnte Otto von Bismarck ein halbes Jahr während seiner Studienzeit in Göttingen.

Da der Karzer im Concilienhaus mit wachsenden Studentenzahlen zu klein geworden war, wurde das Studentengefängnis 1837 in die neu errichtete repräsentative Universitätsaula am Wilhelmsplatz (damals noch „Neuer Markt“) verlegt, wo es bis zu seiner Schließung im Jahr 1933 auch blieb. Gegen Ende des 19. Jahrhunderts verlor das Universitätsgericht jedoch stetig an Bedeutung, sodass immer weniger Studenten verurteilt wurden. Von den ursprünglich zwölf Zellen in zwei Stockwerken wurden ab 1900 schließlich nur noch vier Arrestzellen im oberen Stockwerk genutzt, zum Schluss sogar nur noch eine Kammer. Als die Leitung der Universität erkannte, dass die Verurteilung zur Karzerhaft unter den Bestraften zu einem Jux verkommen war und der „Karzerhaftzettel“ nur noch eine begehrte studentische Trophäe darstellte, schloss sie ihr Gefängnis.

Heutige Innenansicht des Karzers in der Universitätsaula am Wilhelmsplatz.

Heute lassen sich acht Zellen des „Hotels zur akademischen Freiheit – Hotel 1. Ranges“, so eine der Namensgebungen aus dem Jahr 1902, wieder besichtigen. Denn der Göttinger Karzer wurde mit den Mitteln einer privaten Spendenaktion ab 2005 sorgfältig restauriert, sodass 400 Quadratmeter Wand-, Decken- und Türfläche historischen Graffiti dem Besucher äußerst interessante Einblicke in früheres studentisches Leben bieten. „Vivat libertas“ – es lebe die Freiheit – ist nur eine der zahlreichen Inschriften, die von dieser nicht allzu dunklen Zeit aus Göttingen als Universitätsstadt berichten.

JAMES – MORD AM HEILIGEN ABEND

Es schwebt diese ganz besondere Stimmung über Göttingen, die nur einmal im Jahr herrscht, nämlich an Weihnachten. Es ist der späte Nachmittag des Heiligen Abends 2007 – die Zeit scheint stillzustehen. Eine Familie begibt sich zu Fuß in die Innenstadt, zur Jacobi-Kirche, wo sie ein ganz besonderer Weihnachtsgottesdienst erwartet: Die jüngere der beiden Töchter ist Vorkonfirmandin und hat mit ihrer Konfirmandengruppe eine Weihnachtsandacht zum Thema „Licht“ vorbereitet. Die Vorfreude ist groß!

Als die kleine Gruppe in die Theaterstraße einbiegt, stockt sie unvermittelt. Etwas stimmt nicht, da ist etwas ganz und gar unweihnachtlich: Polizei und Notarzt stehen mit Blaulicht links am Rand der Straße vor dem Finnisch-Ugrischen Seminar der Universität Göttingen, Sanitäter und Polizisten tauschen sich hektisch aus. Doch es eilt, also hastet die Familie weiter, denn von den drei alten Innenstadtkirchen St. Albani, St. Johannes und St. Jacobi läuten bereits die Festglocken.

Der Gottesdienst ist wunderschön: Die Konfirmanden haben im Kirchenschiff Lichtspuren aus Hunderten von Kerzen gelegt, die den Weg der Heiligen Familie vor über 2000 Jahren nach Bethlehem nachbilden. Diese Kerzenwege leuchten umso eindrucksvoller, als die vielarmigen Deckenleuchter ausgeschaltet sind. Helligkeit und Dunkelheit werden so unmittelbar für alle Kirchenbesucher in der riesigen, voll besetzten gotischen Kirche erfahrbar.

Auf dem Nachhauseweg hat sich bereits die Nacht über Göttingen gesenkt, es ist mittlerweile vollständig dunkel. Doch in den Herzen der Familienmitglieder leuchtet die Freude dieses Heiligen Abends.
In der Theaterstraße ist nun alles ruhig, Krankenwagen und Polizei sind verschwunden. Was mag da passiert sein? Für irgendjemand ist dies offensichtlich kein friedvoller Nachmittag des Lichts und des Friedens gewesen …

Am 27.12.2007 schreit es dem Leser des Göttinger Tageblatts entgegen: James ist tot! James – so wurde die obdachlose Frau genannt, die jahraus, jahrein, Tag für Tag vor dem Mäuerchen der imposanten Villa, in der das Finnisch-Ugrische Seminar untergebracht ist, ihren festen Platz hatte. Jeder, der auf dem Weg Richtung Innenstadt war, kam an der langhaarigen Frau vorbei. Sie bettelte nicht, sprach nur selten jemanden an. Sie war einfach da, auf und ab gehend, versunken in halblaute Selbstgespräche. Ein Kaffeebecher aus der gegenüberliegenden Bäckerei gehörte ebenso fest zu ihr wie eine rot-schwarz gewebte Wolljacke, die sie bei jedem Wetter trug. Ihre Habseligkeiten hatte sie um sich herum ausgebreitet oder im Hinterhof der alten Villa versteckt, manchmal hingen Kleidungsstücke auch in den Ästen des Baumes über ihr. Wenn man ihr etwas gab, ein Geldstück oder etwas zu essen, bedankte sie sich stets sehr höflich mit „Madame".

Die Göttinger reagieren mit Fassungslosigkeit und Trauer auf James' Tod: „Ihr" Platz ist bereits am nächsten Tag mit Kerzen und Blumen übersät, Briefe an James liegen da und auch ein Kaffeebecher mit einer Brötchentüte aus der Bäckerei gegenüber findet sich.

Wer war diese Frau? Wer war James? Im vollbesetzten Trauergottesdienst in der Jacobi-Kirche, genau der Kirche, in der nur wenige Tage zuvor der leuchtende Weihnachtsgottesdienst stattgefunden hat, enträtselt sich einiges: Petra hieß sie, war 49 Jahre alt und kam aus Nesselröden, einem kleinen Ort bei Duderstadt, 25 Kilometer östlich von Göttingen. Dort arbeitete sie als Arzthelferin, bis irgendetwas sie so aus der Bahn warf, dass sie fortan als James auf der Straße lebte. Was war da vorgefallen? Was war so einschneidend, dass sie ihre bürgerliche Existenz gegen ein unsicheres und gefährliches Leben auf der Straße eingetauscht hatte?

Denn gefährlich ist es ganz besonders für Frauen auf der Straße; die Zahl gewalttätiger Übergriffe auf Obdachlose

Das Gedenkkreuz für James an der Theaterstraße.

hat sich in Deutschland in den vergangenen Jahren mehr als verdoppelt. Und tatsächlich wurde James das Opfer genau so eines gewalttätigen Übergriffs: Ein ehemaliger Psychiatriepatient und Sexualstraftäter, der die wehrlose Frau mit bloßer Hand erstickt hatte, wird kurz darauf festgenommen. Gestanden hat er jedoch nie.

Noch heute steht das schlichte Holzkreuz auf der Rasenfläche links vom Finnisch-Ugrischen Seminar an der Theaterstraße mit der Inschrift „In stillem Gedenken – James – 24.12.2007“ und erinnert an diesen Heiligen Abend in Göttingen.

DIE GÖTTINGER GRUPPE – UND WEG IST DAS GELD

Turbulent und rasant geht es auf der Bühne zu: So schnell wechseln Personen, Szenen und Live-Musik, dass dem Zuschauer ganz schwindelig wird. Das Publikum schaut auf Wände aus 1500 Aktenordnern, welche die Originalunterlagen einer genialen Geschäftsidee enthalten. An diesem Theaterabend wird die rauschhafte Entwicklung genau dieser Geschäftsidee gezeigt, nämlich der Weg von einer scheinbar sicheren Altersversorgung zu einem brutalen und gnadenlosen „Abzocker-Imperium“.

Das Stück, das in einer Inszenierung von Intendant Erich Sidler während der Spielzeit 2018/19 im Göttinger Deutschen Theater uraufgeführt wird, thematisiert einen der größten Finanzskandale der deutschen Nachkriegsgeschichte. Der Schweizer Autor Lukas Linder hat dieses Stück speziell für das Göttinger Theater geschrieben und sich dabei für die Form einer Farce, einer Posse, entschieden. Und tatsächlich ist das, was sich rund um die „Göttinger Gruppe“ während der späten 1990er- und dem ersten Jahrzehnt der 2000er-Jahre abgespielt hat, dermaßen grotesk, dass sich diese Interpretation durchaus anbietet.

Für die mehr als 150 000 Anleger, vor allem aus dem Göttinger Raum, dürfte dieser Skandal wohl nicht sehr lustig gewesen sein. Und zahlreiche ehemalige Kunden der Göttinger Gruppe ärgern sich wahrscheinlich heute noch beim

Firmensitz der Göttinger Gruppe unter dem frühen Namen „Securenta AG" in der zweiten Hälfte der 80er-Jahre: Merkelstraße 3, eine der prächtigsten Gründerzeitvillen Göttingens.

Blick auf ihre geleerten Sparkonten, ängstigen sich angesichts ihrer gescheiterten Altersversorgung und sind traumatisiert von einem gerissenen Betrug, dem sie zum Opfer gefallen sind.

Und dabei fing alles so vielversprechend an: 1986 von einem Steuerberater und Wirtschaftsprüfer gegründet, firmierten zwei Unternehmen unter dem lokalpatriotischen Namen „Göttinger Gruppe" in Göttingen in einer herrschaftlichen Villa am sogenannten „grauen Kapitalmarkt" Deutschlands.

Ihr Verkaufsschlager: „SecuRente", die sichere Rente. Sie war das Erfolgsversprechen der Göttinger Gruppe, in das viele hoffnungsvolle Anleger insgesamt mehr als 1,2 Milliarden Euro investierten. Versprochen wurde den Anlegern eine hohe Rendite als Ergänzung zu ihrer Rente – ohne Risiko. Und natürlich würden sie zudem noch Steuern sparen.

Tatsächlich aber handelte es sich hierbei um ein äußerst riskantes Modell, was jedoch keiner der Kunden so schnell merkte. Denn Selbstdarstellung war das, was die Geschäftsleute der Göttinger Gruppe wirklich konnten: Sie ließen sich mit hochrangigen Politikern wie Helmut Kohl, Otto Graf Lambsdorff und Hans-Dietrich Genscher für ihren Hausprospekt ablichten und sponserten große Sportvereine wie den VfB Stuttgart. Mehrfach förderten sie das sommerliche Kinderfest im Kanzleramt. Bei den Anlegern entstand so der trügerische Eindruck, dass hier enorme Mengen an Geld vorhanden seien, an denen jeder mit seinen Anlagen teilhaben könne.

Was als „Steuersparmodell für den kleinen Mann“ (SZ, 21.5.2010) nach außen verkauft wurde, entpuppte sich schon bald als modifiziertes Schneeballsystem und hochriskantes Anlagemodell, mit dem die Anleger um ihr Geld betrogen wurden. Fast eine Milliarde Euro versickerte nach und nach durch die dubiosen und undurchsichtigen Machenschaften der Göttinger Gruppe. Dabei hatten viele Beobachter schon seit Mitte der 90er-Jahre auf die Gefahren dieser Anlegeformen hingewiesen und ihre Zweifel an der Solidität der Göttinger Gruppe geäußert. Die führenden Manager konnten sich jedoch immer wieder durch Vergleiche oder außergerichtliche Einigungen herauswinden. Manche Untersuchungstermine ließen sie auch einfach platzen.

Doch selbst die Strahlkraft der politischen Prominenz, mit der sich die Göttinger Gruppe umgab, konnte irgendwann den Zusammenbruch nicht mehr verhindern. Nach der „Skandalinsolvenz“ der Göttinger Gruppe im Jahr 2007 blieb kaum noch Geld übrig, sodass die getäuschten Anleger weder ausgezahlt noch abgefunden werden konnten. Und nicht nur das. Die Geschäftsbedingungen dieser Firma sahen vor, dass die Anleger außerdem noch für die schier erdrückende Schuldenlast der Göttinger Gruppe mit ihrem Privatvermögen aufkommen mussten – einige Opfer zahlen noch heute.
Die wahnwitzige Geschichte der Göttinger Gruppe war nicht nur ein riesiger Finanzskandal, sondern nach Meinung vieler Rechtsanwälte auch ein mindestens ebenso großer Justizskandal. Trotz 9000 Klagen und bis zu 300 Haftbefehlen gegen die hauptverantwortlichen Geschäftsführer wurden diese schließlich freigesprochen, weil ihnen kein Vorsatz nachzuweisen war.

In dem Theaterstück „Die melancholische Seite meines Steuerberaters“, das am 27.10.2018 Premiere hatte, liegt der Fokus allerdings nicht auf den Geschädigten, sondern auf den Tätern, einem dreiköpfigen Firmengespann. Nach der Interpretation des Autors Lukas Linder ist dieses tückische Trio sein Leben lang zu kurz gekommen. Die Macher der Göttinger Gruppe hätten bislang nicht das erreicht, was ihnen ihrer Meinung nach zustünde. Deswegen umwehe die wahnsinnigen Charaktere ein Hauch „tragischer Melancholie“ (Lukas Linder). Nach Auffassung des Bühnenautors „ist gerade diese Melancholie der Grund, warum sie ganz besonders rücksichtslos vorgehen. (...) Jetzt, wo sie am Zug sind, haben sie ein Recht, ihrerseits auf nichts und niemanden mehr Rücksicht zu nehmen.“

Das Göttinger Theaterpublikum kann sich – trotz Wissens um den wahnwitzigen Betrug – angesichts der beeindruckenden Darbietung einer gewissen Faszination an diesem teuflischen Geniestreich kaum entziehen und verlässt geschüttelt von Ekel, Staunen und Widerwillen das stattliche Gebäude am Wall.

GEORG CHRISTOPH LICHTENBERG – DER BUCKLIGE UND SEINE KINDLICHE GELIEBTE

Es ist einer der ersten warmen Sonntage im Jahr 1777 und ein wundervoller Frühlingstag. Wer immer in der kleinen Universitätsstadt Zeit und Muße hat, flaniert über den Wall, der den alten Stadtkern schützend umschließt, und freut sich an der wieder erwachenden Natur. Natürlich ist man auch interessiert, die anderen Göttinger zu sehen, die ebenfalls ihren Sonntagsspaziergang machen: Gruppen junger Studenten, oft in der farbigen Kleidung ihrer Burschenschaften, die eleganten Degen an ihre linke Seite geschnallt, lachen fröhlich und scherzen, während sie mit einer flüchtigen Verbeugung an würdigen Professoren nebst ihren Gattinnen vorbeieilen. Diese halten nach Kollegen Ausschau und tippen zum Gruß an die Krempe ihrer steifen Hüte. Bewegliche und neugierige „Universitätsmamsellen“ – so die Bezeichnung für die Töchter der Professoren, die sich öfters auch selbst ein Stück Gelehrsamkeit erworben haben – folgen in gesittetem Abstand. Lustige Ladenburschen, die endlich frei haben, lassen ihre Blicke hin zu den hübschen Mädchen aus dem Arbeiterstand schweifen, die sich in munteren Gruppen auf dem Wall tummeln.

Einer jedoch ist allein unterwegs, und zwar Professor Lichtenberg. Er ist ein Kauz, der mit etlichen seiner klugen Kollegen über Kreuz ist, weil er zu allem seine eigene, oft als abwegig empfundene Meinung hat. Und er ist unverheiratet, was niemanden besonders verwundert. Denn er ist verwachsen und klein. Ein unförmiger Höcker wölbt sich auf seinem Rücken, den er deswegen stark nach vorne neigen muss, und seine Beine sind so kurz, dass er nur langsam vorankommt. Dafür aber hat er Augen für die jungen Mädchen, die am Rande des Weges stehen und schüchtern kleine Blumensträuße zum Kauf anbieten: Veilchen, Waldanemonen und Schlüsselblümchen, selbst im Morgengrauen im Wald oder auf den Wiesen außerhalb des Walls gepflückt und zu kleinen Gebinden zusammengefügt. Ein bisschen welk sehen die verbliebenen Sträußchen nun schon aus, fest in die warmen Hände dieser Kinder gedrückt, und doch bleibt der Gelehrte plötzlich stehen. Freundlich schaut er einer der Blumenverkäuferinnen ins Gesicht, das auf einer Höhe mit seinem eigenen ist, und kauft ihr sämtliche Sträußchen ab.

Nicht, dass Georg Christoph Lichtenberg ein großer Blumenfreund wäre, in seinem Junggesellenhaushalt in der Gotmarstraße 1 ist für so etwas eigentlich kein Raum. Nein, es ist die kleine Blumenverkäuferin Maria Dorothea Stechard, die ihn interessiert, und zwar so sehr, dass aus dieser Begegnung auf dem Göttinger Wall eine Liebes- und Lebensbeziehung werden soll.

Größer könnten die Unterschiede zwischen diesen beiden Menschen kaum sein. Der Abstand liegt nicht nur im Sozialen, denn der Gelehrte ist ein gut gestellter Professor und das kleine Blumenmädchen ein Kind aus dem Arbeiterstand. Der Gegensatz zeigt sich auch in der Gestalt: Lichtenberg ist ein verwachsener Zwerg und Maria Dorothea ein entzückendes junges Mädchen mit seidenweichen, bis zu den Hüften reichenden Haaren, die sie üblicherweise züchtig unter einer Haube verbirgt. Auch der Altersabstand könnte kaum größer sein: Er ist 34 Jahre alt, sie dagegen erst zwölf. Und schließlich befindet sich ein Abgrund zwischen ihrer Bildung: Lichtberg ist ein hochgelehrter Mathematiker, Astronom und Experimentalphysiker, während Maria Dorothea keinerlei Schulbildung hat, noch nicht einmal schreiben und lesen kann.

Schon wenige Tage nach der schicksalhaften Begegnung auf dem Göttinger Stadtwall erscheint Madame Stechard, die Mutter, in der schmalen Gotmarstraße, um mit dem Pro-

Lichtenberg-Denkmal aus Bronze vor dem Eingang der alten Staats- und Universitätsbibliothek/Paulinerkirche im Papendiek, geschaffen von Volker Neuhoff aus Nienburg/Weser. Die Skulptur wurde zum 250. Geburtstag Lichtenbergs im Akademiehof aufgestellt.

fessor die Übergabemodalitäten zu besprechen: Als Hausmädchen soll Maria Dorothea vorerst bei Lichtenberg arbeiten, später dann auch bei ihm wohnen. Inwieweit ein hübsches Sümmchen die Geldbeutel der beiden Verhandlungspartner gewechselt hat, bleibt im Reich der Vermutung, jedoch war ein solches „Arrangement" zu jener Zeit nichts

Ungewöhnliches. Begeistert stellt sich der Professor nun der Aufgabe, dieses Mädchen zu formen, zu bilden und sie ganz und gar zu seinem Geschöpf zu machen.

Maria Dorothea, in der Literatur später „die Stechardin" genannt, bleibt bis zum Ende ihres Lebens im Jahr 1782 in der Wohnung ihres Dienstherrn, Lehrers und Geliebten. Bereits mit 17 Jahren stirbt sie und lässt einen todtraurigen Lichtenberg zurück, der erst wieder zum Leben zurückfindet, als die 19-jährige Margarethe Kellner ihren Platz einnimmt, anfangs als Hausmädchen, dann als Geliebte und Pflegerin. Diese Frau heiratet er sogar, und zwar nach der Geburt des zweiten Kindes, weitere sechs sollen folgen.

Am 24. Februar 1799 stirbt der heute berühmte und hoch geachtete Georg Christoph Lichtenberg in Göttingen und hinterlässt viel Stoff für Geschichten wie diese: Ist es eine dunkle? Das liegt im Auge des Lesers.

DER BREMERSCHE WEINKELLER – FLUCHTRAUM UND SCHATZKAMMER

Der schwere Schlüssel dreht sich im eisernen Vorhängeschloss und gibt den Weg in die Dunkelheit des alten Kellers frei. Feucht-süßlicher Geruch schlägt dem Besucher entgegen, der sich im Flackern der Kerzenflammen zu orientieren versucht. Schwarze Flecken aus Kellerschimmel überziehen die nach innen gewölbten, bauchigen Wände aus grob gehauenem Kalkstein. Der Blick gleitet an langen Reihen großer Holzfässer vorbei und bleibt an dem doppelten Bogen des Tonnengewölbes hängen, unter dem sich weitere Gänge abzweigen. Es ist kühl hier unten, die Kälte kriecht vom gestampften Lehmboden hoch in die Beine. Andachtsvolle Stimmung herrscht in diesem Weinkeller, der sich mit seiner Rückseite an den Wall anschmiegt.

Wir befinden uns in der Oberen Karspüle, die zwar innerhalb des Walls, jedoch außerhalb der alten Stadtmauer liegt und sich damit aus Sicht der früheren Bewohner Göttingens bereits „auf dem Lande“ befand. In das Dunkel des nicht gleich verständlichen Straßennamens lässt sich etwas Licht bringen, indem man der Lautgeschichte nachgeht: Die Bedeutung für „Karspüle“ ist „Kressepfuhl“ und erklärt sich aus den Gärten, die einstmals die alte Innenstadt wie einen grünen Gürtel umgaben. Und genau dorthin wollte der Kaufmann Friedrich Bremer, als er das alte Fachwerkhaus 1830 erwarb. Nach dem Kauf erweiterte er das ehemalige Bauernhaus um einen Anbau, der sich im rechten Winkel anschloss und mit dem Rücken zum Wall lag. Die ursprüngliche Weinhandlung in der Altstadt war nämlich längst zu klein für die aufstrebende Firma geworden, und hier in der Karspüle 42 boten sich ideale Bedingungen für den Aushub eines weitläufigen Kellers, in dem die wertvollen Weine lagern sollten:

Eine stabile Temperatur, die sommers wie winters gleichbleibend 14° C beträgt, eine hohe Luftfeuchtigkeit, sichtbar durch den hier höchst willkommenen Wandpilz, und vollständige Dunkelheit sorgten für eine gleichbleibende Quali-

Blick in die „Schatzkammer“ des Weinkellers, in der die besonders wertvollen Weine hinter einer Gittertür verwahrt werden.

tät, mit der die edlen Tropfen in ihren Fässern auf Abfüllung und Verkauf warteten.
Während des Zweiten Weltkriegs diente der Weinkeller in der Oberen Karspüle als Luftschutzkeller nicht allein für die Familie Bremer, die nun schon in der siebten Generation das Haus in der Karspüle bewohnt, sondern auch für die Nachbarn. Hierhin eilte man, sobald die Sirenen aufheulten und vor feindlichen Bombern im Anflug auf Göttingen warnten.

Dass die Beschlagnahme gehaltvoller Getränke zu den unvermeidlichen Begleiterscheinungen jeglichen Kriegshandwerks gehört, musste der Großvater des jetzigen Firmeninhabers gleich zweimal erleben: Sowohl nach dem Ersten als auch nach dem Zweiten Weltkrieg räumten Soldaten den alten Keller unterhalb des Walls komplett leer und nahmen sämtlichen Wein mit. Oder sind vielleicht doch einige besonders kostbare Bestände auf dem weitläufigen Gartengrundstück oder auch unterhalb des Walls versteckt und so vor den Plünderern in Sicherheit gebracht worden?

Dieses und andere Geheimnisse bergen die fast 200 Jahre alten Kellergewölbe: Gab es Fluchttunnel unter dem Wall hindurch, die heute zugemauert sind? Was verbirgt sich in den mächtigen Eichentruhen mit den schweren Beschlägen? Wozu dienten die eisernen Haken und Ösen, die tief in die Wände eingelassen sind?

All diese Fragen beschäftigen Nachfahren und Freunde des Hauses bis heute und können in geselliger Runde bei einem frisch gehobenen Kellerschatz angeregt erörtert werden …

KOKAIN – SCHATTENSEITEN DER WISSENSCHAFT

Nur eine kleine Prise des unscheinbaren weißen Pulvers – geschnupft, gespritzt oder geraucht – und man fühlt sich wie im Himmel.

Der Körper kennt weder Müdigkeit noch Hunger oder Durst, dafür breitet sich eine gesteigerte freudige Stimmung aus. Die Leistungsfähigkeit nimmt extrem zu und verbindet sich mit kristallklaren Gedanken, die einem die Lösung der schwierigsten Aufgaben leicht erscheinen lassen …

Die Droge Kokain wurde bereits vor 100 Jahren, nämlich in den 20er-Jahren des 20. Jahrhunderts, zur Modedroge der Berliner Boheme schlechthin, die damit in einer Endzeitstimmung bei wilden Partys „auf dem Vulkan" tanzte. Und auch heute noch werden wir durch die Getränkemarke Coca-Cola – längst frei erhältlich und ohne das namensgebende Rauschmittel – an Kokain erinnert.

Ihren Ursprung aber fand die Droge in einem Göttinger Labor der Georg-August-Universität in der zweiten Hälfte des 19. Jahrhunderts, und zwar in dem für Göttingen typischen Fachwerkbau in der Hospitalstraße 7.

Aus Reiseberichten spanischer Priester, Soldaten, Abenteurer und Entdecker wusste man bereits seit dem 16. Jahrhundert von der Sitte des Kauens von Kokablättern, womit die

Hospitalstraße 7; zu Albert Niemanns Zeiten war hier das Chemische Laboratorium der Universität Göttingen untergebracht.

Ureinwohner der peruanischen Anden seit jeher wirkungsvoll Müdigkeit, Durst und Hunger vertrieben hatten und sich zu großer Kraft und Ausdauer verhalfen.

Unter Leitung des berühmten und ehrgeizigen Chemikers Professor Friedrich Wöhler gelang es seinem Studenten Albert Niemann, die Wirksubstanz aus den Blättern der andischen Kokapflanze zu isolieren. Diese machte Niemann dann als Formel für die synthetische Herstellung und damit dem Massenmarkt zugänglich – was die Firma Merck bereits ab dem Jahr 1862 auch tat. Von dort aus trat die kristalline Substanz unter dem Namen Kokain schnell ihren gefährlichen Siegeszug vom medizinischen Wundermittel zur schillernden Partydroge an – und hält uns heute noch in Atem.

Wurde das schmerzstillende Kokain anfangs ausschließlich im medizinischen Bereich zur Behandlung von Morphiumabhängigen und kurz darauf auch als Narkosemittel verwendet, weitete sich der Anwendungsbereich dieses faszinierenden Zaubermittels rasch aus: Heuschnupfen, Zahnschmerzen, Asthma, emotionale Verstimmungen ... Es gab nichts, wogegen das im letzten Drittel des 19. Jahrhunderts in Europa frei erhältliche Kokain nicht half. Seine Gefährlichkeit wurde erst allmählich bekannt. Mögen Händezittern und Atemunregelmäßigkeiten noch zu den harmloseren Nebenwirkungen gehören, so sind Halluzinationen, Depressionen („Crash" genannt), Verfolgungsängste, Aggressivität, (chronische) Wahnvorstellungen und im körperlichen Bereich Verätzung der Nasenwand, Schädigung von Lippen, Mundhöhlen und Bronchien, Herzrhythmusstörungen und Bluthochdruck bis hin zum Platzen einer Arterie im Gehirn dagegen heftige Symptome, die sogar zum Tod führen können.

Heute steht Kokain auf der Liste der verbotenen Substanzen, vor allem aufgrund seines hohen Suchtfaktors: Eine psychische Abhängigkeit kann wegen des extremen Hochgefühls und dessen schnellen Abklingens schon nach dem ersten Konsum entstehen – das Abhängigkeitspotential dieser Droge ist enorm!

Wöhlers Interesse und Niemanns Arbeit am Kokain gehörten in die glanzvolle Phase der Göttinger Universität, die gerade der Chemie ihren frühen Aufschwung verdankte. Für die Entschlüsselung des Geheimnisses der sagenhaften Kokablätter interessierten sich viele Chemiker dieser Zeit in ganz Europa. Es begann ein regelrechtes Wettforschen, wofür Wöhler seinen hoffnungsvollen Studenten Niemann ins Rennen schickte, der zu diesem Thema seine Doktorarbeit verfasste.

Niemann, der aus einer Lehrerfamilie in Goslar stammte, absolvierte nach seiner Schulzeit eine Ausbildung in der ältesten Apotheke Deutschlands, der Rats-Apotheke in Göttingen, und schrieb sich zugleich an der Georg-August-Universität für das Fach Pharmazie ein.

Nachdem Professor Wöhler eine österreichische Weltumsegelungsexpedition damit beauftragt hatte, große Mengen an frischen Kokablättern als Grundlage für sein ehrgeiziges Projekt zu beschaffen, traf schon im September 1859 eine ganze Kiste der sagenumwobenen Pflanze in Göttingen ein. Bereits ein Jahr später, 1860, legte sein begabter junger Mitarbeiter Albert Niemann seine Doktorarbeit vor.

Abschließen konnte Niemann sein Forschungsvorhaben allerdings nicht selbst, denn bereits mit 27 Jahren starb er schwer lungenkrank im Goslarer Elternhaus, wohin er sich mit letzter Kraft geschleppt hatte. Der Grund für den frühen Tod seines Studenten interessierte Wöhler in seinem unersättlichen Eifern nach Erkenntnis jedoch nicht. Er übertrug die Vollendung des Koka-Projektes einem anderen jungen Mitarbeiter, Wilhelm Lossen.

Heute weiß man, dass Niemann das Opfer seiner eigenen Forschung wurde: Vor der Arbeit an der fabelhaften Wirkung der Kokablätter hatte Wöhler ihn nämlich beauftragt, mit den Substanzen Ethen und Schwefeldichlorid zu experimentieren. Hieraus entwickelte man kurz darauf das äußerst giftige Senfgas – auch unter dem Namen „Lost“ bekannt –, welches entsetzliches Grauen im Ersten Weltkrieg verbreiten sollte.

Albert Niemann ging unter großen Qualen an den Wirkungen des tödlichen Senfgases zugrunde, das er bei Wöhler im Göttinger Labor ungeschützt eingeatmet hatte. Doch dies ist eine andere dunkle Geschichte aus Göttingen …

DAS ELEFANTENKLO – DUNKLER KOLOSS IM GÖTTINGER STADTWALD

Plötzlich und überraschend öffnet sich für den Spaziergänger der dichte Laubwald und gibt den Blick auf eine Lichtung frei. Dort steht ein grauer, verwitterter Steinbau, von den Göttingern scherzhaft „Elefantenklo“ genannt. Er wird größer und größer, je näher man kommt. Es ist ein unheimlicher Ort oberhalb der Herzberger Landstraße, mitten im Göttinger Stadtwald.

Historische Abbildung des Bismarcksteins.

Statt der rätselhaften Bezeichnung „Elefantenklo“ trägt er eigentlich den sehr viel prosaischeren Namen „Bismarckstein“. Merkwürdig ist dieser trutzige Bau und gruselig, vor allem, wenn man sich Ansichtskarten aus der Zeit seiner Entstehung vom Beginn des 20. Jahrhunderts betrachtet. Zu sehen sind hier auf der oberen Plattform keine Elefanten, sondern gigantische Feuerzungen, die aus einer riesigen eisernen Feuerschale auflodern. Zwölf halbkreisförmig angeordnete hohe Steinpfeiler mit Feuerbecken umgaben ursprünglich den Steinbau und wurden – genau wie die große mittige Feuerschale – Jahr für Jahr zur Sonnwendfeier entzündet.

Dem ehemaligen Studenten und wohl bekanntesten Alumnus der Georgia Augusta, Otto von Bismarck, waren in Göttingen bereits der Bismarckturm und das Bismarckhäuschen gewidmet worden. Nun folgte im Jahr 1902 als weiterer Ausdruck der nationalen Bismarckverehrung, die in Göttingen besonders ausgeprägt war, ein drittes Gebäude, der Bismarckstein. Es handelte sich hierbei um einen Aussichtsturm, der auch als Flammenaltar genutzt werden sollte. Den Entwurf für das Bauwerk lieferte Stadtbaumeister Friedrich Jenner.

Die feierliche Einweihung des Bismarcksteins erfolgte am 20. Juni 1903, dem Tag, an dem die Sonne am höchsten stand. Über tausend Studenten nahmen an einem Fackelzug teil, der sich von der Universität durch den Wald zog und bei hereinbrechender Abenddämmerung auf der Lichtung im Wald in der Nähe des Klausbergs endete. Professor Merkel hielt die Weiherede, und Oberbürgermeister Calsow nahm die Feuersäule im Namen der Stadt in Obhut. Am Ende der Einweihungsfeier warfen alle Studenten ihre Fackeln in die Becken der zwölf Feuersäulen.

Das „Elefantenklo“ heute.

Auch heute noch ist der ungewöhnliche Ort mit seinem erstaunlichen Namen ein reizvolles Ausflugsziel. Nach dem Bauprinzip der Doppelung sind verschiedene geometrische Formen wie Halbkreise, Dreiecke, Quadrate und Rechtecke aufeinander geschichtet, verbunden durch zahlreiche Treppen, die das Besteigen auf mehreren Wegen ermöglichen. Die Abschlüsse sind unregelmäßig mit roh behauenen Natursteinen gestaltet, was dem Bismarckstein eine Aura des Unfertigen gibt. Nur stellenweise sind Sicherungen angebracht, sodass der Weg nach oben von einem wohligen Schauer begleitet wird. Von der ehemaligen monströsen Feuerschale auf der oberen Plattform kündet nur noch eine Mulde, dafür sind zahlreiche Feuerspuren jüngerer Zeit in und an dem Bauwerk zu sehen. Offenbar zieht dieser sonderbare Ort auch heute noch zündelnde Pyromanen an.

Verschiedene Pfade führen vom Elefantenklo wieder weg, und wirft der scheidende Besucher einen Blick zurück, wird er feststellen, dass das dunkle Gemäuer, das seinen ursprünglichen Zweck schon lange vergessen hat, genauso schnell wieder in den Bäumen verschwindet, wie es aufgetaucht ist.

Zurück bleibt nur das Hämmern der Spechte, die – anders als die berüchtigten Elefanten – hier tatsächlich zu Hause sind.

RASSISMUS – EIN GÖTTINGER KONZEPT

Er war ein Sonderling, versponnen und belesen, an sich harmlos. Doch die Blutspur seiner Veröffentlichungen zieht sich bis in unsere Gegenwart und forderte allein in der Machtzeit der Nationalsozialisten viele Millionen Tote.

Die Rede ist von dem Göttinger Professor Christoph Meiners, der ab 1772 an der Georgia-Augusta-Universität Reichs- und europäische Staatengeschichte lehrte und 1810 in Göttingen starb.

Geboren wurde Christoph Meiners als Sohn eines Postmeisters am 31. Juli 1747 in Warstade bei Otterndorf im Lande Hadeln. Er besuchte das Gymnasium in Bremen, wo er wegen seines erzählerischen Talents bei seinen Mitschülern durchaus beliebt war. Obwohl er selbst noch nicht viel erlebt und erfahren hatte, konnte er die Lücken in seinen Geschichten dank seiner blühenden Fantasie mit schillernden Details ausstatten. Da konnte der dröge Schulstoff nicht mithalten, und so verließ Christoph Meiners die Schule schon nach kurzer Zeit und setzte seine Bildung in Form von „Privatstudien" zu Hause fort. Diese Privatstudien bestanden aus dem Lesen zahlreicher wahllos zusammengestellter Bücher, aus denen er ganze Passagen abschrieb – eine Methode, die er beibehalten sollte und auch seinen Mitmenschen nachdrücklich in den „Anweisung für Jünglinge zu eigenen Arbeiten" (1789) ans Herz legte.

Ähnlich verlief sein breit gefächertes Studium in Göttingen während der Jahre von 1767 bis 1770, das er vornehmlich in der Bibliothek statt in den Hörsälen verbrachte. Doch nun begann er auch, die Menge an Gelesenem in eine eigene Schreibtätigkeit umzusetzen. Seine erste, noch anonym verfasste Schrift „Revision der Philosophie" reichte dank der Protektion seines Gönners Professor Feder immerhin aus, um Meiners zum Professor zu ernennen. Nun folgten zahllose weitere Publikationen, vor allem im geschichtlichen Bereich, die sich allerdings weder durch Genauigkeit noch durch gedankliche Tiefe auszeichneten. Meiners' Bedürfnis, seine Mitwelt über alles Mögliche aufzuklären, ging ins Wahnhafte.

Den Platz in diesem Buch der Dunklen Geschichten verdankt Christoph Meiners einer Abhandlung, mit der er den unheilvollen Grundstein für den Rassismus legte. Mit dem Wort „Rassismus" bezeichnet man sowohl eine Einstellung als auch eine Handlungsweise, nach der Menschen aufgrund weniger biologischer und äußerlicher Merkmale kategorisiert und als über- oder unterlegen beurteilt und behandelt werden. Diese Publikation erschien unter dem Titel „Grundriß der Geschichte der Menschheit" im Jahr 1785. Es folgten weitere mit aussagekräftigen Titeln wie „Über die Natur der Germanischen und der übrigen Celtischen Völker" und „Über die Natur der afrikanischen Neger und die davon abhängende Befreyung oder Einschränkung der Schwarzen".

Meiners' Grundidee zufolge gäbe es zwei Menschenstämme, den kaukasischen und den mongolischen. Der kaukasische

Stamm, zu dem auch die Deutschen gehörten, sei sowohl in intellektueller als auch in charakterlicher sowie körperlicher Hinsicht dem mongolischen weit überlegen. Dabei sei das entscheidende Kriterium die äußere Schönheit bzw. Hässlichkeit. Völker des mongolischen Stammes seien nicht nur von abstoßender Hässlichkeit, sondern auch den Tieren näher verwandt als den Menschen. Angehörige dieser Völker verdienten nicht nur Misshandlung und Unterjochung durch die „schönen Germanen“, sondern benötigten auch eine solche Behandlung. Despotie sei hier die einzige angemessene Regierungsform.

Mit seinem starken Interesse an einer Einordnung der Menschheit befand sich der Göttinger Professor in einer lebhaften Diskussionsrunde, der um 1800 sowohl deutsche als auch französische Gelehrte angehörten. Entfacht und genährt wurde dieser Diskurs durch die Expeditionen und Reisen von Missionaren, Entdeckern, Forschern und Abenteurern, die ihre Erlebnisse in Berichten und Tagebüchern einer breiten Öffentlichkeit zugänglich machten.

Doch im Gegensatz zu dem Gelehrten Johann Georg Forster, der tatsächlich an einer Weltumsegelung teilgenommen hatte, endeten Christoph Meiners Reisen bereits in der Schweiz. Seine Kenntnisse über andere Völker entnahm er ausschließlich den zeitgenössischen Publikationen, die er in großen Mengen verschlang, in der für ihn typischen Hastigkeit und Ungenauigkeit verquirlte, mit eigenen Interpretationen anreicherte und dieses Substrat als „wissenschaftlich“ zu Papier brachte und veröffentlichte. Er sortierte die Völker der ganzen Welt „qualitativ" ein und äußerte sich auch zu Rasse, Blut und der Vermischung ungleicher Rassen. Dabei stellten besonders die Juden und die schwarzen Afrikaner die Zielgruppe seiner Abwertung dar:

„ (…) so wenig können Juden und Neger (…) mit den Christen und Weissen, unter welchen sie wohnen oder denen sie gehorchen, dieselbigen Vorrechte und Freyheiten verlangen."

Diese wirre und substanzlose Kategorisierung ging vielen seiner wissenschaftlichen Zeitgenossen zu weit, und Meiners wurde, vor allem von Forster, scharf kritisiert, sodass es bis zu seinem Tod immer stiller um ihn wurde. Doch erlangte er posthum dann doch noch Ruhm: Seine Ideen gelangten über französische Forscher 130 Jahre später zurück nach Deutschland und mündeten 1931 in die antisemitischen Darlegungen des Rassenkundlers Ludwig Schemann, der den Göttinger Gelehrten Christoph Meiners als Stammvater einer „anthropologisch fundierten Kulturgeschichte" bezeichnete. Damit gehört der Göttinger Professor Christoph Meiners zu den „Begründern des rassischen Antisemitismus".

Der besessene Vielschreiber wurde, zweifellos ohne dies beabsichtigt zu haben, zum Schreibtischtäter. Und noch heute irrlichtern seine Ideen durch die Welt – etwa in der nordamerikanischen Bezeichnung „Caucasians" für weiße Menschen europäischer Abstammung.

BIER UND SCHOKOLADE – GÖTTINGENS DUNKLE GENUSSFREUDEN

Zart zergeht die schmelzende Mandel-Nougat-Masse im Mund und hinterlässt den intensiven Geschmack reifer Kirschen, der sich mit dem Aroma von Bourbon-Vanille vermischt. Dunkel ummantelt feinherbe Schokolade diese Schicht erlesener Genüsse, die von der österreichischen Schokoladen-Manufaktur Zotter speziell für Göttingen hergestellt und handgeschöpft wird.

Sowohl der Inhalt dieser 70-Gramm-Tafel als auch ihre Verpackung haben es in sich: Auf nachtblauem Grund bewegt sich ein zierliches Mädchen mit einem anmutigen Tanzschritt von einem Brunnen herab und streckt seinen Korb drei Gänsen entgegen, die vor den Silhouetten Göttinger Kirchen auf ihre Hirtin warten. In geschwungener Zierschrift findet sich der in rot-goldener Farbe gehaltene Schriftzug „Schokoliesel – Die faire Göttinger Stadtschokolade“.

Die zeichnerische Vorlage für diese zauberhafte Verpackung stammt von der damaligen Oberstufenschülerin Charlotte Wunderlich, die im Jahr 2012 mit ihrem Entwurf zur Siegerin eines Zeichenwettbewerbs wurde. Der Wettbewerb war von dem Fair-Trade-Geschäft „Contigo“, dem Göttinger Tourismus-Verein und dem Hainberg-Gymnasium ausgeschrieben worden. Seitdem können sich Göttinger sowie die Gäste und Freunde der Fachwerkstadt an diesem ganz besonderen dunklen Genuss erfreuen.

Nur wenige Häuser oberhalb von „Contigo“ findet sich in der Langen Geismarstraße ein weiteres Kleinod für Genießer: Auch das Biergeschäft „Bottles“ ist in einem der schönen alten Fachwerkhäuser beheimatet, welche die Göttinger Innenstadt so charakteristisch machen. Hier finden sich mehr als 300 Sorten unverwechselbarer, handwerklich hergestellter Craft-Biere, die von ihren kreativen Brauern mit Hingabe und natürlichen Rohstoffen produziert werden. Einer dieser Bierproduzenten befindet sich nur wenige Straßenzüge weiter, und zwar in der Theaterstraße 8. In diesem Eckhaus entsteht über der „Nauti-Bar“ eine andere dunkle Spezialität der südniedersächischen Universitätsstadt: das Scholar-Bier.

Schon die Flasche mit Bügelverschluss und Porzellanstopfen, welche mit dem 0,75 Liter umfassenden Volumen größer als übliche Bierflaschen ist, wirkt außergewöhnlich. Das direkt auf die dunkelbraune Glasflasche siebgedruckte Logo mit einer Eule unter einem Doktorhut und der Masse-Energie-Äquivalenzformel verweist ebenso wie der Name „Scholar“ auf Gelehrsamkeit und Bildung – ein deutlicher Hinweis auf die Herkunft dieses Bieres aus der „Stadt, die Wissen schafft“.

Eines der fünfsortigen Scholare ist das „Vienna Lager“: Das rotgoldene, transparente Göttinger Handwerksbier lässt sich mit leichter, wohlklingender Schaumbildung eingießen. Ausgewogene Malz- und Hopfenaromen mit einer leicht fruchtigen Süße erfreuen die Freunde klassischer Lagerbiere, ein angenehmer Abgang lädt zum Nachschenken ein. Fast schon zu schade als Durstlöscher: Dieses Bier will genossen sein.

Göttinger und ihre Freunde können ja einmal probieren, ob diese dunklen Köstlichkeiten sich nicht nur jeweils für sich, sondern auch im kombinierten Genuss für einen Abend der Gaumenfreuden eignen.

„WO MAN BÜCHER VERBRENNT ..." – HEINRICH HEINES WEITSICHT

Drei Kinder schwingen aneinandergekuschelt in der Vogelnestschaukel im Schatten der alten Bäume. Fünf Mädchen hängen mit Armen oder Beinen an den bunten Klettergerüsten, während etliche Schüler auf Susi, dem riesigen hölzernen Nilpferd, reiten. Wieder andere warten vor dem rot gestrichenen Holzhäuschen auf die Ausgabe von Spielmaterialien. Es ist große Pause in der Albanischule, einer der Grundschulen in der Göttinger Innenstadt, die „individuelles Lernen in sozialer Geborgenheit" zu ihrem Leitspruch gemacht hat und Offenheit, Toleranz und Integration im schulischen Alltag lebt.

Ein Besucher, der von Norden den Albaniplatz betritt, sieht am Fuß der Treppe zu seiner Linken eine Bronzetafel. Einen Meter lang und 60 Zentimeter hoch ist sie und hat folgende Inschrift:

„Wo man Bücher verbrennt
verbrennt man auch am Ende Menschen"
(Heinrich Heine, 1821)
10. Mai 1933

Gedenktafel an der Treppe zum Albaniplatz.

Brennende Bücher, brennende Menschen? Wie passt das zu dem friedvollen Bild, das sich einem hier und heute auf dem Göttinger Albaniplatz bietet?

Vor knapp 90 Jahren, an einem Frühlingsabend im Jahr 1933, spielte sich genau hier Ungeheuerliches ab: Vor nachtschwarzem Himmel zucken Flammen hoch, werfen ihr Spiegelbild gegen die Fenster der Schule, sodass der Eindruck entsteht, der ganze Platz brenne. Um das riesige Feuer herum stehen hunderte von Menschen, genauer: Männer in braunen und schwarzen Uniformen. Viele sind jung, nicht viel älter als zwanzig Jahre alt. Und sie singen. Doch es sind keine friedvollen Abendlieder, die an diesem 10. Mai 1933 erklingen, es sind die martialischen Kampflieder „Burschen, heraus zum Kampf“, „Flamme empor“, das Horst-Wessel-Lied und schließlich auch das Deutschlandlied. Das Singen dieser Lieder stellt den Abschluss einer Veranstaltung dar, die unter dem Namen „Bücherverbrennung“ in die deutsche Geschichte eingehen wird und sich fest verbindet mit der Unterdrückung von freiem Geist und offener Kultur.

Der Scheiterhaufen besteht nicht aus Holz, er besteht aus Büchern, Flugblättern, Zeitungen und Broschüren. Oben auf dem zwei Meter hohen Papierberg steckt der Degen eines Verbindungsstudenten, daran befestigt ist ein Pappschild, auf dem mit dicken schwarzen Großbuchstaben der Name „LENIN“ geschrieben ist.

Der Spuk begann bereits fünf Tage vorher, als der Anführer der Göttinger Studentenschaft Heinz Wolff im damals linientreuen Göttinger Tageblatt zu einer „Säuberung“ privater

Zeitgenössische Aufnahme der Bücherverbrennung, die sogar als Postkarte verkauft wurde.

und öffentlicher Bibliotheken sowie Buchhandlungen aufrief. Die Göttinger, die bereits zu diesem frühen Zeitpunkt mit einer eindeutigen Mehrheit von 63,7 Prozent für Hitler und seine Nationalsozialisten gestimmt hatten, kamen dieser Aufforderung eifrig nach. Zu örtlichen Sammelstellen brachten sie Bücher von Erich Kästner, Heinrich Mann, Carl von Ossietzky, Kurt Tucholsky, Theodor Wolff, Alfred Kerr und Karl Marx, während sich der NS-Studentenbund um die Buchhandlungen und die Volksbibliothek kümmerte. Es fand ein wohlorganisierter Kahlschlag gegen verfemte jüdische, marxistische und pazifistische Schriftsteller statt.

Der 10. Mai 1933 ist ein warmer, trockener Tag, ideal für dieses teuflische Vorhaben. Am späten Nachmittag hetzen Universitätspräsident Friedrich Neumann und der Germanist Gerhard Fricke mit giftigen Worten die Studenten vor dem Auditorium Maximum auf. Wegen Überfüllung dieses größten Hörsaals der Göttinger Universität muss die Veranstaltung auf den Vorplatz verlegt werden. Danach geht es im straff geordneten Fackelzug durch die Weender Straße Richtung Innenstadt. SA- und SS-Studenten, die Stahlhelm-Hochschulgruppe sowie Studenten-Korporationen marschieren zum Albaniplatz, der ursprünglich Theaterplatz hieß, kurz zuvor aber in Adolf-Hitler-Platz umbenannt worden war. Dort erwartet sie bereits, wie die Göttinger Zeitung am nächsten Tag schreibt, „der Berg von Unrat und Ungeist“, der nach einer aufpeitschenden Rede des Studentenführers Wolff mit den brennenden Fackeln entzündet wird. „Der Scheiterhaufen der Schundliteratur“ brennt lichterloh, denn Papier brennt gut.

Dass auch die Schriften des prophetischen Heinrich Heine auf dem Scheiterhaufen landen, ist nur eine zynische Pointe der Geschichte. Bereits wenige Jahre später erfüllte sich seine böse Ahnung durch die grausamen Menschenverbrennungen in den Vernichtungslagern des Nationalsozialismus:

„Wo man Bücher verbrennt
verbrennt man auch am Ende Menschen"
(Heinrich Heine, 1821)

Die Bücherverbrennung in Göttingen war nur eines von 90 Spektakeln ähnlicher Art, die im Mai 1933 vielerorts in Deutschland stattfanden. Was das Göttinger Ereignis so besonders dunkel machte, war zum einen die ungewöhnlich hohe Beteiligung einer geistigen Elite: Studenten und ihre Professoren, die aktiv dazu beitrugen, der geistigen Freiheit in Deutschland für zwölf Jahre ein infernales Ende zu bereiten. Zum anderen aber waren es die Fotos, die von diesem geistigen Mord gemacht und sogar als Postkarten verkauft wurden. Neben Berlin ist Göttingen die einzige Stadt, in der dieser Angriff auf Würde, Freiheit und Geist fotografiert wurde.

Heute denken und erinnern zahlreiche Göttinger an diesen dunklen Tag, so mit der Gedenktafel, die vom Fachdienst Kultur der Stadt Göttingen am 10. Mai 1984 am Albaniplatz angebracht wurde. Ein anderes Beispiel des Gedenkens ist der „Büchertag im Albaniviertel", der erstmals am 8. Mai 2010 mit der Idee ausgerichtet wurde, Vernichtung in Kreativität, Grauen in Freude und Gegeneinander in Miteinander zu wandeln. Es wurde ein lebendiger Tag sprudelnder Ideen, geistigen Austauschs und unbekümmerten Lesens.

ES WERDE SCHATTEN – AUFFORSTUNG DES GÖTTINGER STADTWALDES

Sonnenstrahlen fallen durch die lichten Kronen der Buchen und zaubern Goldflecke auf den waldigen Boden. Zart blühende Waldkräuter schmiegen sich um die Wurzeln der fast 150 Jahre alten Bäume und verströmen einen intensiven, würzigen Geruch. Das Blätterdach filtert die Hitze des Sommertages, sodass es angenehm kühl ist. Ein leichter Wind lässt das Laub rascheln und sorgt für frische Luft. Hin und wieder tauchen inmitten der Baumgruppen überraschend Wassertümpel auf, über deren bräunliche Oberfläche seltene Schmetterlingsarten tanzen.

Der Göttinger Stadtwald, der erst 2012 von Greenpeace die Note eins für seine ökologische Forstwirtschaft erhalten hat, ist ganz gegen den Eindruck ungezwungener Naturbelassenheit das Ergebnis eines planvollen menschlichen Gestaltens, das im Jahr 1871 begann.

Georg Merkel, erst Bürgermeister, dann von 1870 bis 1893 Oberbürgermeister der Stadt Göttingen, hatte sich die Aufforstung des Hainberges und des Göttinger Stadtwaldes zu einer der Hauptaufgaben seiner Amtszeit gemacht. Merkels Ziel war die Schaffung eines nahe gelegenen

Erholungsgebiets für die wachsende Bevölkerung der Universitätsstadt. Unterstützt wurde er dabei vom Göttinger Verschönerungsverein GVV, der bis heute existiert. Angesehene Bürger der Stadt hatten sich am 21. März 1875 mit einem Brief an den Oberbürgermeister gewandt und ihrem Wunsch Ausdruck verliehen, „zur Hebung, Mehrung und Aufschließung der Naturschönheiten der Göttinger Umgebung“ beizutragen. Bereits ein Jahr später wurde der Verein gegründet. Aus heutiger Sicht handelte es sich hierbei um die frühe Form einer Bürgerinitiative.

Fast 20 Jahre waren der Oberbürgermeister und die Göttinger Bürger damit beschäftigt, die durch einseitige landwirtschaftliche Nutzung und Weidewirtschaft verkahlten Hänge und Flächen östlich der Stadt in eine bezaubernde Waldlandschaft zu verwandeln. Sie pflanzten Bäume, vor allem Buchen, und legten beschilderte Wanderwege an, an denen bis heute zahlreiche Bänke zum Ausruhen und Verweilen einladen. Sie errichteten Brunnen, wie den Reinkebrunnen und den kleinen Reinsbrunnen, und die für das letzte Drittel des 19. Jahrhunderts so typischen Denkmäler und Gedenksteine (Bismarckstein, Merkelstein). Auch der Bau von Aussichtstürmen – Bismarckturm, Eulenturm, der Turm an der Mackenröder Spitze und der Hünstollenturm – gehören in diese Zeit und sind bis heute beliebte Ausflugsziele. Bei der Aufforstung achtete man darauf, Sichtschneisen frei zu halten, die dem Besucher von den Plattformen der Türme eine atemberaubende Weitsicht über das Leinetal ermöglichen.

Alter Wegweiser vom G.V.V. (Göttinger Verschönerungsverein) im Stadtwald.

Was vielleicht wie das Luxusanliegen eines gut situierten Bürgertums aussehen mag, stellte tatsächlich eine dringende Notwendigkeit dar. Bis die immer bedeutendere Kohle der neue Brennstoff schlechthin wurde, war bis zur Mitte des 19. Jahrhunderts Holz der Hauptenergielieferant für private Haushalte und Industrie- und Gewerbebetriebe gewesen. Das hatte zu einem regelrechten Kahlschlag in den Wäldern geführt. Des Weiteren hatte die sogenannte „Streunutzung“, das Sammeln von herabgefallenen Nadeln oder Blättern zur Einstreu in Viehställen, die Waldböden ausgelaugt und zu einem allmählichen Verkümmern der Wälder beigetragen. Das Ergebnis waren kahle Flächen und Hänge rings um das Göttinger Stadtgebiet, die nur noch zur Viehhaltung zu gebrauchen waren. Schafe, Schweine und Ziegen weideten diese „Dreische“, den mageren steinigen Boden, ab, bis nur noch kümmerliches Gras und Dornengestrüpp wuchsen, wo vormals üppige Wälder gestanden hatten. Flurbezeichnungen wie „Molkengrund“, „Trift“ oder „Schäferbrunnen“ weisen noch heute im Stadtwald auf diese einstige Nutzung des Göttinger Hainberges hin.

Kleiner Reinsbrunnen oberhalb der Schillerwiesen.

Vor diesem Hintergrund sind die Bemühungen Georg Merkels und der Göttinger Bürgerschaft als ausgesprochen aufgeschlossen und zukunftsorientiert zu bezeichnen. Sie wollten dem Göttinger Umland das wiedergeben, was seit Jahrhunderten charakteristisch für diesen Landstrich gewesen war: dichte Laubwälder, in denen sich die Märchengestalten der Brüder Grimm aufgehalten und die den Stoff für zahlreiche Lieder und Gedichte geliefert hatten.

Dass wir uns heute noch an einem ausgedehnten waldreichen Gebiet östlich und südöstlich der Stadt erfreuen können, liegt an den günstigen Bodenbedingungen. Ein nährstoffreicher Boden aus Muschelkalk ließ das Vorhaben der Göttinger so erfolgreich werden. Wo sich nun eine abwechslungsreiche Waldlandschaft von ca. 1600 Hektar erstreckt, wogte vor 200 Millionen Jahren ein Meer. Zahllose Kalkgehäuse der im Wasser lebenden Tiere bilden gegenwärtig den Boden, auf dem sich sowohl anspruchsvollere Bäume als auch vielfältige Pflanzen wohlfühlen. Im Frühling bedeckt sich der Göttinger Waldboden mit Leberblümchen, Märzbecher und Buschwindröschen. Haben die Bäume ausgeschlagen, sind es Bärlauch, Waldmeister, das einblütige Perlgras und Bingelkraut, welche ihren aromatischen Duft verströmen. Aber auch für zahlreiche heimische Tiere bietet der Göttinger Wald einen geschützten Lebensraum: Wildkatzen, Rotwild und Fledermäuse sind hier ebenso zu Hause wie seltene Vogelarten (Wendehals, Rotmilan, Neuntöter, Mittel- und Grauspecht). In Wassernähe wird der Spaziergänger vom Anblick gefährdeter Schmetterlingsarten erfreut.

Verlässt man die hallenartigen Laubwälder, in denen immer noch die Buchen der ersten Generation mit einer Höhe von 30 Metern ihr Dach spannen, schlägt die Hitze des schattenlosen Sommerwetters wie eine Glocke über dem Wanderer zusammen. Und sehnsüchtig wendet dieser den Blick zurück zum schützenden Grün des Göttinger Stadtwaldes.

Weitere Bücher über Ihre Stadt

Jan Vetter
Liebenswertes Göttingen
Farbbildband
deutsch/english/français
72 S., Hardcover, zahlr. Farbbilder
ISBN 978-3-8313-2500-9

Cornelie Hildebrandt
Aufgewachsen in Göttingen
in den 40er- und 50er-Jahren
64 S., Hardcover, zahlr. Farb- und S/w-Bilder
ISBN 978-3-8313-2037-0

Wartberg-Verlag GmbH
Im Wiesental 1 | 34281 Gudensberg
www.wartberg-verlag.de

Bücher für Deutschlands Städte und Reg
Tel. 0 56 03-93 05 0
Fax 0 56 03-93 05 28